“十四五”职业教育国家规划教材

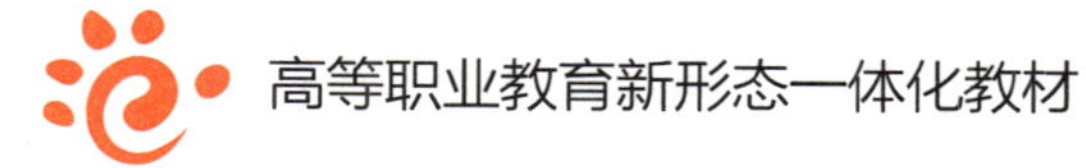

AO'ERFU YINYUE JIAOYU LINIAN YU SHIJIAN CAOZUO

奥尔夫音乐
教育理念与实践操作

第三版

主　编　马伟楠
副主编　苏　敏

中国教育出版传媒集团
高等教育出版社·北京

内容简介

本书为“十四五”职业教育国家规划教材，高等职业教育新形态一体化教材。

本书注重以能力为本位，以岗位技能培养为目标，采用理论与具体课例教案相结合的编写形式，突出实训环节，并合理安排了拓展知识能力及深化教学效果的内容。

本书以理论结合实际操作为编写思路，以奥尔夫音乐教育思想为核心，根据奥尔夫音乐教育内容的分类，将语言、歌唱、演奏、律动等不同音乐教学内容作为音乐课设计的侧重点，并加入奥尔夫亲子课例及奥尔夫音乐教学法在五大领域课程中的应用课例，便于师生进行切实可行的奥尔夫音乐教学实践操作。

本书配套建设有视频资源，学习者可扫描二维码在线学习。

本书可作为高等职业教育专科、本科，应用型本科及中等职业教育学前教育、早期教育、音乐教育等专业教材，也可供学前教育工作者参考。

图书在版编目（CIP）数据

奥尔夫音乐：教育理念与实践操作 / 马伟楠主编；苏敏副主编. -- 3版. -- 北京：高等教育出版社，2024.6（2026.1 重印）

ISBN 978-7-04-060405-4

Ⅰ. ①奥… Ⅱ. ①马… ②苏… Ⅲ. ①学前儿童－音乐教育－教学法－高等职业教育－教材 Ⅳ. ①G613.5

中国国家版本馆CIP数据核字（2023）第064629号

策划编辑 赵清梅　责任编辑 赵清梅　封面设计 姜　磊　版式设计 李彩丽
责任绘图 于　博　责任校对 窦丽娜　责任印制 张益豪

出版发行 高等教育出版社
社　　址 北京市西城区德外大街4号
邮政编码 100120
印　　刷 北京中科印刷有限公司
开　　本 850mm×1168mm　1/16
印　　张 8.75
字　　数 180千字
购书热线 010-58581118
咨询电话 400-810-0598
网　　址 http://www.hep.edu.cn
　　　　 http://www.hep.com.cn
网上订购 http://www.hepmall.com.cn
　　　　 http://www.hepmall.com
　　　　 http://www.hepmall.cn
版　　次 2015年2月第1版
　　　　 2024年6月第3版
印　　次 2026年1月第7次印刷
定　　价 29.80元

物 料 号 60405-A0

前　　言

奥尔夫音乐教育在幼儿音乐教育领域具有很大的影响力。奥尔夫音乐教育注重幼儿个性的全面发展，通过歌曲、舞蹈、动作、语言、乐器、游戏等多种元素的有机组合，促进幼儿健全的审美心理结构的建构，注重儿童创新能力的培养，是可供学前教育、早期教育、音乐教育等专业的学生了解和借鉴的音乐教学法。

本教材是为高职学前教育、早期教育、音乐教育等专业学生编写的实用理论与应用型教材。本教材编写遵循高素质教育工作者的培养理念，旨在帮助高职学生了解奥尔夫音乐教育理念，借鉴奥尔夫音乐教育理论及实践方法，更好地开展音乐教学。

一、课程的任务

本教材重点是在探讨奥尔夫音乐教育理念和方法本身意义的基础上，结合我国教育改革现状，培养适合我国教育发展的音乐教师。学习奥尔夫音乐教育原理及经典课例，可以启发学生去探索与本土化艺术特色相结合的教学方法，探讨奥尔夫音乐教学法在我国音乐教育与学前教育中如何去应用。本教材在借鉴奥尔夫音乐教育理论及实践教学方法的基础上，融入中国优秀的民族音乐和艺术形式，使幼儿接受艺术熏陶、提升综合素质，帮助教师更好地开展音乐教学活动。

二、教材的特色

本次教材修订以党的二十大精神为指引，做了如下三方面的工作：一是挖掘思政元素，融入课例教学目标和教学过程中；二是注重对中国民族音乐、地方音乐的选择和课例创编，努力“传编好中国声音，展现可信、可爱、可敬的中国形象”；三是注重奥尔夫音乐教学法的本土化，以及奥尔夫音乐教学法在幼儿园教育活动中的应用。修订后的教材具有如下特色。

1. 新颖的教材编写形式和实用的教学内容。针对高等职业教育人才培养目标，本教材着眼于学生未来的教育对象和教学工作的实际需要，突出理论与实践相结合的特点，以实践课例教案为主要表现形式。为突出专业培养特点，本教材分成两篇：上篇为幼儿教师音乐素养提高篇，下篇为幼儿园奥尔夫音乐教学实践篇。在幼儿教师音乐素养提高篇中，根据奥尔夫音乐教学法的特点编配了适合学前教育、早期教育、音乐教育专业学生学习的音乐课例，使学习者不仅学习了教学法，还提高了自身的音乐素养，使教师用起来也更得心应手。幼儿园奥尔夫音乐教学实践篇中提供的课例有助于学生更直观地了解奥尔夫音乐教学的模式，方便学生进行课例细节研究，积累教学材料。

2. 操作方法详尽，层次清晰。本教材中的课例教案书写详细，操作步骤清晰，包括教学目标、教学准备、教学思路及教学过程等要素，教师好用，学生易学。在本教材所提供的课例教案中，“教学思路”和“小贴士”是两个特色板块，目的是让学生在知其然的情况下，还可以知其所以然。其中，“教学思路”可以帮助学生直观地了解整个教案设计的框架，形成良好的教学逻辑思维；“小贴士”可以帮助学生拓展思维，了解更多音乐教学的可能性。

3. 在实践中追寻理论根源。本教材将理论知识分散到相关课例中，更有利于学习者在实践中理解理论知识，了解奥尔夫音乐教学法的精髓原理。本教材中“综合讨论”及“拓展练习”两个模块，可以引导学生进一步思考教学原理，灵活运用所学的方式方法，解决教育教学中的实际问题，不仅拓展了学生的能力，而且也深化了教学效果。

4. 注重本土音乐的传承与思政教学内容的引领。本教材注重弘扬优秀的地方特色音乐及艺术形式，将中国优秀的民族音乐用奥尔夫音乐教学法进行演绎。本教材注重选择有正确价值观引导的课例，注重在音乐活动中培养学生的优秀品质并陶冶情志。

三、教学方式建议

本教材以具体课例教案与理论相结合的形式编写，在教学内容的组织安排上，建议根据实际需要灵活运用多种教学形式和方法。在课例的具体延伸程度及时间把握方面，课例中也有相关提示，教师和学生可以根据实际情况进行调节和安排。

本教材由鞍山师范学院马伟楠担任主编，负责全书的设计及统稿工作，并承担11个课例及理论链接、综合讨论和拓展练习部分的编写工作；长春教育学院苏敏担任副主编，并负责15个课例的编写工作；马伟楠、苏敏合作完成9个课例的编写工作；沈阳音乐学院孟鑫负责6个课例的编写工作；沈阳音乐学院田苗苗负责1个课例的编写工作；鞍山师范学院夏清负责2个课例的编写工作；营口职业技术学院王玲负责1个课例的编写工作。具体分工如下。

教师姓名	序号	篇	课例
马伟楠	1	幼儿教师音乐素养提高篇	课例1　声势练习
	2		课例2　本草纲目
	3		课例3　彩球系列游戏
	4		课例7　接龙系列游戏
	5		课例9　雨的节奏
	6		课例13　单簧管波尔卡
	7	幼儿园奥尔夫音乐教学实践篇	课例27　即兴演奏
	8		课例28　蚂蚁搬豆
	9		课例31　动物园游园记
	10		课例39　小白船
	11		课例41　四小天鹅舞曲

续表

教师姓名	序号	篇	课例	
苏敏	1	幼儿教师音乐素养提高篇	课例5	静夜思
	2		课例6	狗相咬
	3		课例10	阿细跳月
	4		课例11	打字机
	5		课例12	瑶族舞曲
	6	幼儿园奥尔夫音乐教学实践篇	课例16	小老鼠
	7		课例17	我的朋友在哪里
	8		课例20	我的好妈妈
	9		课例21	咏鹅
	10		课例22	鸭子上桥
	11		课例25	聪明的小动物
	12		课例26	喜洋洋
	13		课例30	小猪与老狼
	14		课例32	中国空军进行曲
	15		课例38	小蚊子
苏敏　马伟楠	1	幼儿园奥尔夫音乐教学实践篇	课例34	五环节奏问候游戏
	2		课例35	放风筝
	3		课例36	兔子耳朵
	4		课例37	蜗牛爬爬爬
	5		课例40	BIM BAM
	6		课例42	毛毛虫与蝴蝶一家亲（科学领域）
	7		课例43	老鹰捉小鸡（健康领域）
	8		课例44	非洲欢迎您（语言领域）
	9		课例45	拉起手（社会领域）
孟鑫	1	幼儿教师音乐素养提高篇	课例4	橡皮变奏曲
	2		课例8	即兴创编器乐曲
	3	幼儿园奥尔夫音乐教学实践篇	课例14	音的长短
	4		课例23	请你跳舞
	5		课例24	音色的识别
	6		课例29	我的一天
田苗苗	1	幼儿园奥尔夫音乐教学实践篇	课例15	打老虎
夏清	1	幼儿园奥尔夫音乐教学实践篇	课例18	粉刷匠
	2		课例33	谁是火车头
王玲	1	幼儿园奥尔夫音乐教学实践篇	课例19	水果歌

本教材在编写中引用和借鉴了他人的研究成果，部分课例思路来源于中国奥尔夫音乐协会及北京师范大学组织的师资培训课程，在此向原作者及负责师资培训的教师表示诚挚的谢意。

本教材配套视频由马伟楠、苏敏制作完成。

由于编者学识水平有限，教材中难免有不妥之处，恳请广大读者批评指正。

编　者

2023年10月

目录

二维码资源目录

上　　篇

幼儿教师音乐素养提高篇

课例1　声 势 练 习

【教学目标】

1. 体验声势与音乐元素之间的关系。
2. 感受稳定的节拍，并能在演唱中感受休止。
3. 能够结合声势准确演唱旋律，感知主和弦的和声效果。

【教学准备】

知识准备：关于奥尔夫声势教学的知识。

教具准备：黑板/白板。

【教学思路】

1. 旋律与声势分开练习。
2. 旋律与声势组合练习。
3. 旋律递减练习。
4. 分组卡农练习。

【教学过程】

1. 旋律与声势分开练习。

●教师与学生手拉手围成一个圆圈站好。

●教师用lu或是na来教唱旋律，教师唱一句学生唱一句，拉着的手臂随着节奏前后摆动。

小贴士：这是一个围绕主和弦三个音的视唱条目，教师在教唱的过程中一定要注意音的准确性。为了追求音的准确性，教师可以引导学生在唱的时候声音不要太大。

●不唱旋律，教师只进行声势的教学，教师做一小节声势动作，学生跟着做一小节。

2. 旋律与声势组合练习。

小贴士：教师在教学过程中要尽量少用语言去组织学生，多用眼神及简单的动作去传达意图，这样不仅可以有效地吸引学生的注意力，而且也能够让学生养成看指挥的习惯。

●教师引导学生用音名唱出旋律，随之与声势进行进一步的组合练习。

3. 旋律递减练习。

●第一遍时将第1小节的旋律演唱做休止处理（可在心里默唱），只做声势。

●第二遍时将第1、2小节的旋律演唱做休止处理（可在心里默唱），只做声势。

●以此类推，最后一遍时各小节的旋律演唱均做休止处理（可在心里默唱），只做声势。

4. 分组卡农练习。

●将学生分成两组，先以小节为单位进行卡农练习。

●将学生分成三组、四组，进一步进行卡农练习。

●教师还可以进一步加大难度，以两拍子为单位进行卡农练习。

小贴士：在整个卡农的练习过程中，教师一定要提示学生注意音的准确性及节奏的稳定感，不要被其他声部的旋律及动作所干扰；小组里的每一个成员都要相互协作，声音要统一，动作高度要尽量一致；不要因为怕唱走音而只顾大声演唱，要主动倾听其他声部的旋律音，有意识地感知其中的和声美感。

●请学生尝试写出演唱的旋律及声势图谱。

（本课例教学思路来源于北京奥尔夫协会奥尔夫师资培训班）

课例2　节奏声势：本草纲目

【教学目标】

1. 体验音乐旋律及固定节拍与节奏的关系。
2. 发展肢体动作的协调性与固定节拍感。
3. 掌握二分音符、四分音符、八分音符、十六分音符的时值。

【教学准备】

知识准备：用声势表现二分音符、四分音符、八分音符、十六分音符之间的实质关系。

教具准备：音乐播放器；音乐《本草纲目》。

【教学思路】

1. 伴着音乐做声势。

2. 节奏训练。

3. 声势递减练习。

【教学过程】

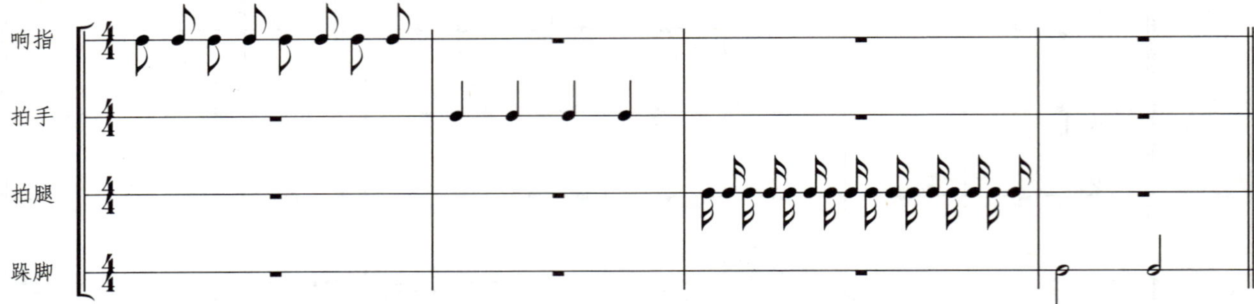

1. 伴着音乐做声势。

●教师与学生围成一个圆圈站好。

●教师将四个声部的声势分别教给学生。

●学生在原地将四个声部的声势练熟。

●学生向同一个方向转身，一边重复做此套声势节奏，一边在二分音符的跺脚动作中走动起来。

2. 节奏训练。

●伴着音乐在原地重复做声势节奏。

●伴着音乐重复做声势节奏，并在二分音符声势节奏处随意走动。

●闭眼做同样的声势游戏。

小贴士：在这一环节，学生应该全神贯注地去感受四种节奏型的特点及关系差别；在游戏中掌握这些节奏，同时感受音乐风格的特点。

3. 声势递减练习。

●声势递减游戏：伴着音乐重复做声势，同时进行变化练习，即第一遍做全部的声势节奏，第二遍把第1小节做休止处理，第三遍将第1、2小节做休止处理，依次递减后，最后一遍全部做休止处理。在整首乐曲的旋律伴奏下重复做以上20小节的声势练习。

小贴士：在声势递减游戏中要注意，做休止处理的声势部分，心中要默念拍子，以确保空拍节奏的稳定。

●继续做声势游戏，学生听从教师的口令，随意空出某小节的节奏。如教师喊“4”，那么这一遍第4小节的拍手动作就做休止处理，此小节的节奏要在心中默数。以此类推，在这一次游戏中，教师随意提出要求，如“二分音符休止”“十六分音符和八分音符休止”“全部休止”等。

小贴士：在这一环节的声势游戏中，学生要更加集中注意力，头脑中一定要记清这些音符的名称及顺序，以保证按教师的要求快速做出声势反应。

【音乐建议】

《本草纲目》。

（本课例教学思路来源于北京奥尔夫协会奥尔夫师资培训班）

理论链接

奥尔夫音乐教育体系中，声势教学是节奏训练的基石，其核心在于将身体作为最直接的“乐器”，通过拍手、拍腿、跺脚、捻指等动作，把抽象的节奏转化为可感的身体律动。这种方式打破了传统节奏教学对符号的依赖，让学习者在亲身体验中理解节拍、时值与声部的关系，尤其适合音乐启蒙阶段的认知特点。

奥尔夫认为，节奏并非孤立的音符组合，而是与身体感知深度绑定的动态存在。课例中“旋律与声势分开练习”，正是通过先拆分再整合的逻辑，让学习者先聚焦单一动作的节奏准确性（如每小节声势的稳定重复），再逐步叠加旋律，形成“动作—声音—情感”的联动。这种设计呼应了奥尔夫“从简单到复杂”的教学原则，确保学习者在掌握基础拍的前提下，逐步理解节奏的多层次性。

在多声部训练中，声势的价值更为凸显。课例中的“分组卡农练习”，通过不同声部的时差呼应（如以小节或两拍子为单位的接力），让学习者在协作中感知和声的纵深感——这与奥尔夫强调的“集体音乐体验”一脉相承，既训练了个体对节奏的把控力，又培养了对整体音响的敏感度。

此外，奥尔夫主张“节奏训练应服务于音乐表达”。课例中“旋律递减练习”（逐步增加休止符），正是通过声势的留白与延续，引导学习者体会节奏的呼吸感，为后续乐器演奏与音乐表现奠定基础。这种将技术训练与艺术感知融合的思路，恰是声势教学在奥尔夫体系中不可替代的核心价值。

课例3　彩球系列游戏：阿拉木汗

【教学目标】

1. 乐于与同伴合作进行律动，敢于进行动作创编。
2. 通过动作训练音乐的听辨力及肢体动作的平衡性。
3. 掌握$\frac{6}{8}$拍的节奏特点。
4. 感知速度的变化乐趣。

【教学准备】

知识准备：$\frac{6}{8}$拍的节奏特点。

教具准备：彩球；铃鼓；黑板/白板；音乐播放器；音乐《阿拉木汗》。

【教学思路】

1. 彩球节奏游戏。

2. 随着节奏做传球游戏。

3. 听声音做传球游戏。

4. 以球为道具进行音乐游戏创编。

【教学过程】

1. 彩球节奏游戏。

●教师和学生围成一圈，坐在地板上。

●教师发给每个学生两个彩球，带领学生边做动作边读“da”进行下面的节奏练习。

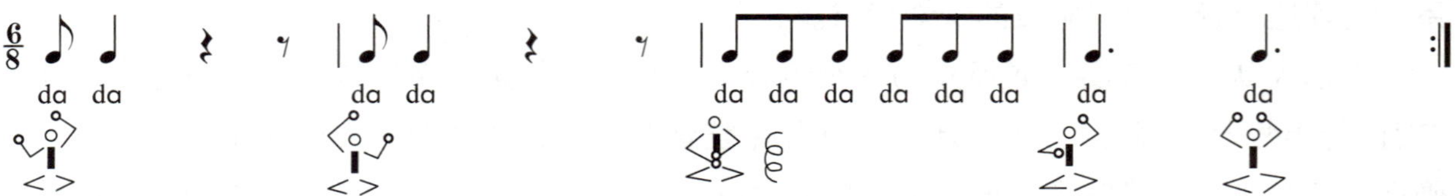

小贴士：第3小节的动作是两只手握着彩球从腹前随着节奏缠绕向上。

●将“da”的读音换成下面的词语来读出节奏，动作相同。

●围成一圈的学生单数向左转，双数向右转，两两相对而坐，做彩球的节奏游戏，在“你好”及“兴呀/戏吧”的地方将自己的彩球与对方的彩球轻轻相碰（图3–1）。

图3–1　传彩球

●所有学生向后转，换个伙伴继续玩彩球的节奏游戏。

2. 随着节奏做传球游戏。

●学生围成一圈，坐在地板上，将手中彩球暂时收在身后，圈中只留下一个学生手中拿一个彩球。

●教师手拿铃鼓击打，用较慢的速度打拍子，学生按照教师给的速度进行传球游戏。

●学生按照教师较快的击打速度进行传球游戏。

●教师用铃鼓做出摇铃的声音，学生向相反方向传球。

●学生熟练后可用两个以上的球来进行游戏。

3. 听声音做传球游戏。

●学生从身后拿出一个彩球，右手手臂弯曲、手掌向上张开、放在腹前，左手握住彩球放在右手的手掌上做好原位预备动作。

●教师敲击铃鼓，学生同时按速度说出“1 2 | 1 2 | 1 2 | 1 2 |”，第一个“1 2”做原位预备动作，第二个“1 2”将左手中的球放到左面同学的右手掌上，以此规则进行游戏（图3–2）。

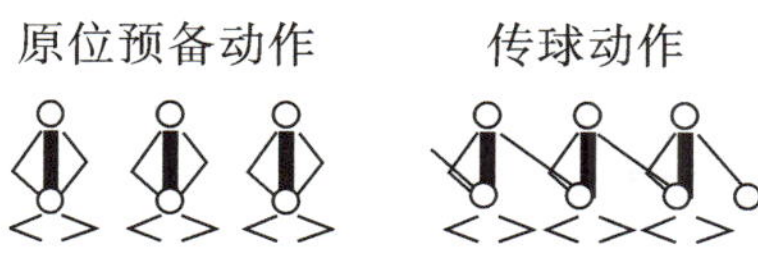

图3–2　传球游戏

●结合音乐进行传球游戏。

●以同样的方法进行相反方向的传球游戏。

A

原位预备　传球　原位预备　传球

5̣111 7̣12 3· 1̇ | 7654 312 1· 0 |…（随音乐按二拍一个动作进行下去）

●熟练后还可以加大难度，以一拍一个动作进行传球游戏。

B

原位预备　传球　原位预备　传球　原位预备　传球　原位预备　传球

5̣ 1 1 1 7̣12 3· 1̇ | 7 6 5 4 312 1· 0 |…（随着音乐按一拍一个动作进行下去）

小贴士：此环节容易出现掉球或囤积球的情况。如果学生数量太多，可以分成若干个小圈进行游戏。

4. 以球为道具进行音乐游戏创编。

●学生围成一圈，坐在地板上，每人一个彩球。

●以球为道具，进行动作的即兴创编。

小贴士：可以用球敲打身体的各个部位，或是敲打地板等（图3–3）。

●从某个学生开始，一人进行4小节的创编动作，其他学生模仿，按照顺序不断地进行动作创新。

图3–3　即兴创编

【音乐建议】

《阿拉木汗》。

（本课例教学思路来源于北京奥尔夫协会奥尔夫师资培训班）

课例4　节奏练习：橡皮变奏曲

【教学目标】

1. 主动进行创编活动。

2. 尝试用多种方式进行变奏。

3. 训练对音乐的反应力，掌握节奏读谱法。

【教学准备】

知识准备：理解四分音符、八分音符、十六分音符之间的时长关系。

教具准备：橡皮若干；奥尔夫乐器。

【教学思路】

1. 节奏读谱法的练习。

2. ABA 回旋曲的练习。

3. 节奏即兴的训练。

【教学过程】

1. 节奏读谱法的练习。

●用大、中、小三类橡皮分别代表四分音符、八分音符、十六分音符，按照橡皮体积的大小，将大、中、小橡皮摆成三排，按照节奏读谱法进行练习。学生在教师的指挥下朗读节奏，即四分音符——ta，八分音符——ti ti，十六分音符——ti ri ti ri。

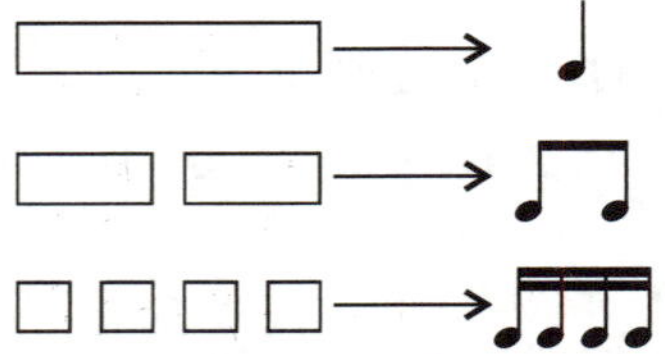

小贴士：在练习中，教师可按从有规律的顺序到无规律的顺序进行即兴指挥，也可在学生朗读整齐后加快速度，以此训练学生的反应力。

●四分音符的练习：将八块橡皮摆成一横排，每块橡皮代表一个四分音符，学生在教师指挥下朗读节奏。教师指挥时要速度稳定，持续不断。在学生朗读整齐后，教师任意拿掉一块橡皮，代表休止一拍，改变节奏；然后，教师任意拿掉两块、三块、四块直到最后一块橡皮。

●四分音符、八分音符、十六分音符的节奏朗读：将代表四分音符、八分音符、十六分音符的橡皮分别拍成三排，两个橡皮隔开一个位置代表休止一拍。排列出的节奏如谱例一所示。

谱例一：

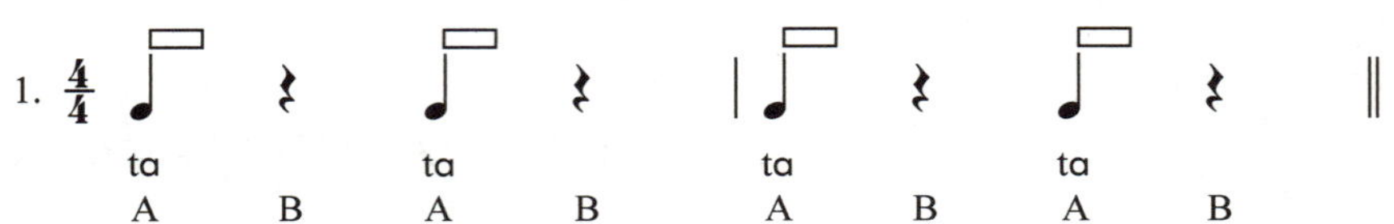

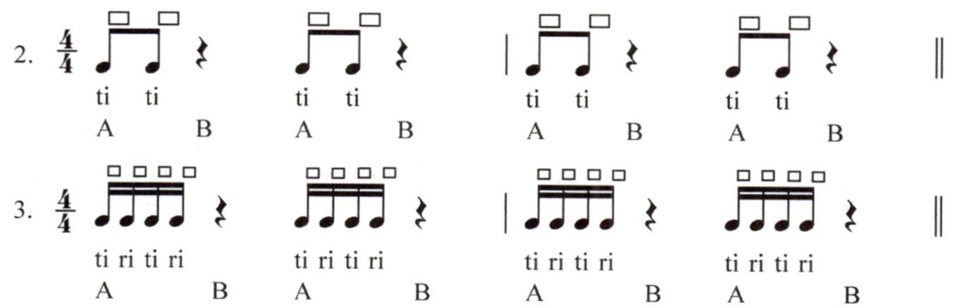

小贴士：教师边摆橡皮边指挥，第一排橡皮摆放好后，学生朗读第一排节奏；第二排橡皮摆放好后，再将第一排、第二排两排节奏连在一起朗读；在摆出第三排后，将三排节奏连在一起朗读。通过这样持续的节奏朗读，训练学生节奏的稳定性和准确性。

●将学生分成A、B两组，A组学生重复朗读谱例一节奏，B组学生将每一条节奏中的四分休止符替换为前一拍的音符，节奏如谱例二所示。

谱例二：

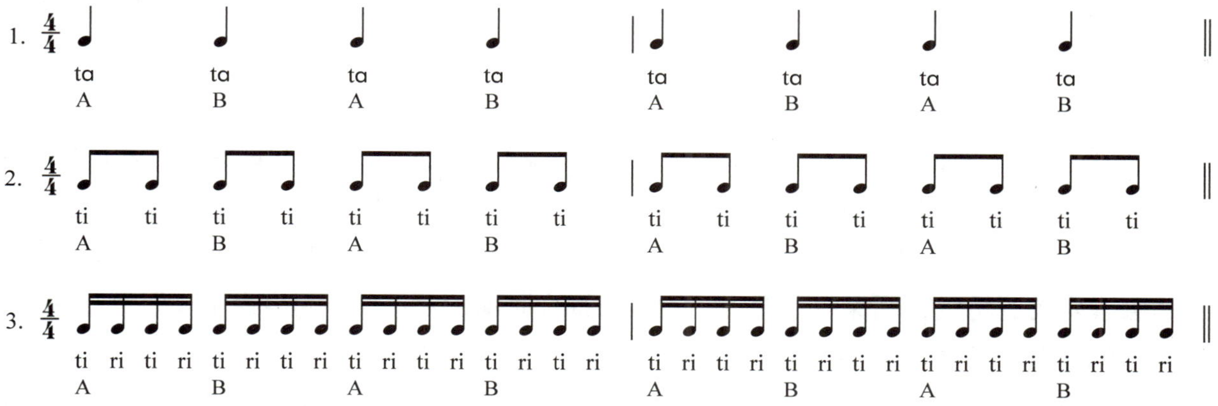

●变换节奏，将橡皮按照大小所代替的音符，依照谱例三摆放。

谱例三：

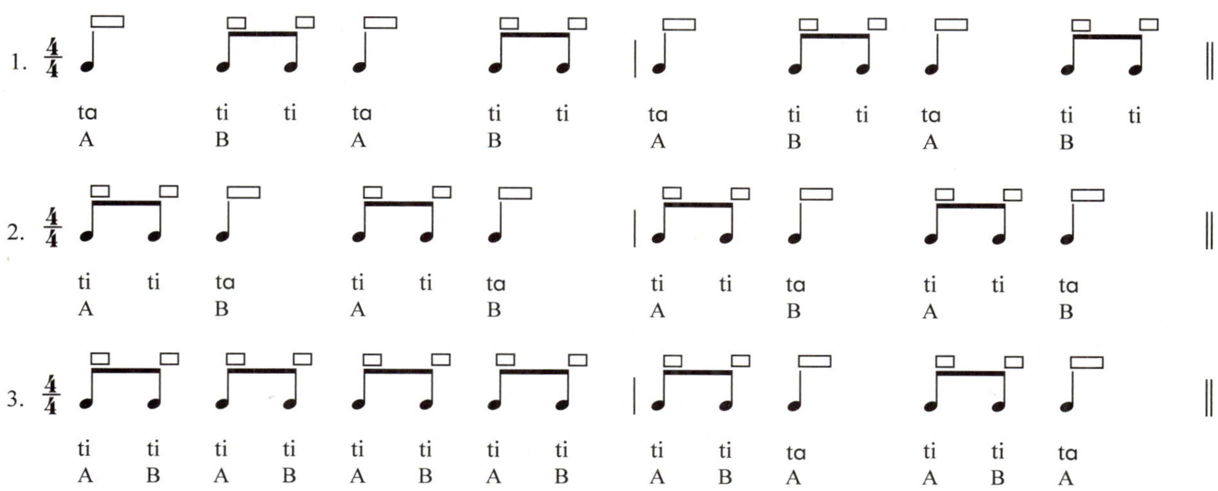

2. ABA回旋曲的练习。

●将谱例一、二、三的节奏朗读换成拍手，A、B组相互配合，在练习中不断调整直到全班学生都能够节奏整齐，速度一致。

●将谱例二（A部分）、谱例三（B部分）连起来形成一首结构为ABA的回旋曲。（回旋曲的主题必须反复出现。）

3. 节奏即兴的训练。

●将谱例一中的休止部分改为即兴，先由学生拍A部分，教师即兴拍B部分节奏。再由教师拍A部分，学生即兴拍B部分节奏。

理论链接

奥尔夫音乐教育“原本性”的内在含义

奥尔夫“原本性”音乐教育的核心，在于回归音乐最本真的形态——将声音、动作、语言与创造融为一体，让学习者在亲身体验中感知音乐的本质。这种理念在“课例4 节奏练习：橡皮变奏曲”中得到体现：用橡皮具象化音符时值（大橡皮代表四分音符、中橡皮代表八分音符等），正是通过生活中常见的物品搭建起“具象—抽象”的桥梁，契合原本性“从已知到未知”的教学逻辑。

原本性强调“即兴与探索”，课例中“节奏读谱法练习”允许教师即兴指挥不同组合的橡皮节奏，鼓励学生在快速反应中突破固定模式，这与奥尔夫主张的“音乐创造不应受形式束缚”理念一致。而“ABA回旋曲练习”通过固定节奏型的重复与变化，让学生在结构化创作中体会音乐的逻辑美，既保留了探索空间，又符合原本性对“秩序与自由平衡”的追求。

在原本性教育中，“多感官联动”是关键。课例中“用橡皮摆节奏、用声音读节奏、用动作表现节奏”的递进设计，调动了视觉、听觉与动觉的协同，使抽象的节奏型成为可触摸、可发声、可演绎的存在。这种“身体—思维—情感”的深度联结，正是原本性所倡导的“音乐是生活的一部分”的生动实践——学生不仅在操作中掌握了音符关系，更在创造中理解了音乐与生活的共生性。

此外，原本性注重“集体参与”，课例中A、B组对答式的节奏练习，通过协作强化了个体对整体节奏的感知，这与奥尔夫“音乐是社群联结的纽带”的理念契合，让节奏训练超越了技术层面，成为群体情感共鸣的载体。

课例5　古诗律动：静夜思

【教学目标】

1. 大胆探索用动作表现节奏，愿意与同伴一起参与音乐活动。
2. 尝试通过传杯子的游戏活动，体验合作表演的乐趣。
3. 体验用$\frac{2}{4}$、$\frac{3}{4}$、$\frac{4}{4}$拍朗读古诗，尝试用卡农的形式表现语言节奏作品。
4. 体会国学经典的魅力。

【教学准备】

知识准备：了解《静夜思》的诗词大意及创作背景。

材料准备：纸杯若干。

【教学思路】

1. 故事导入。

2. 杯子游戏。

3. 分别用 $\frac{2}{4}$、$\frac{3}{4}$、$\frac{4}{4}$ 拍朗读古诗并进行二声部卡农。

静夜思

【教学过程】

1. 故事导入。

小贴士：用讲故事的形式引出古诗可以促进学生对古诗含义的理解。

●和学生探讨离家的心情。

指导语："每个人都有离开家外出学习、办事的时候，如果离开家时间长了，我们会有什么感受？"

小贴士：讨论可以促进学生积极思考，使学生主动进入教学中来。

●讲故事引出古诗。

指导语："李白年轻时离开家乡，客居扬州，生病了又没有钱治病。在一个中秋节的夜晚，他望着天上明月，不禁涌起思乡之情：别人都是一家人团聚在一起，而自己却孤身在外，无法与亲人相聚。于是，在思乡的愁绪中，他写下了这首家喻户晓的《静夜思》。"

●边拍手打基本拍，边用下面的节奏朗读古诗。

2. 杯子游戏。

●学生围成一个圆圈盘腿席地而坐，教师给每个学生发一个纸杯，纸杯杯口向下放在学生正前方的地面上。

小贴士：尽量选用材质比较厚的纸杯，有手感，便于操作。

●和学生讨论用纸杯能做哪些游戏。

指导语："在音乐教学中，日常用品常用作教具，今天我们就借助纸杯，和大家玩一个有趣的杯子游戏，我们先来自己探索一下纸杯可以怎么玩。"

●带领学生边用刚才的节奏朗读古诗，边用纸杯在地板上打基本拍。

小贴士：在节拍稳定性的训练前，可先进行节奏教学。没有稳定的心理节拍，节奏的敲击便是零散的。

●每个人一个纸杯，把纸杯放在正前方做动作。

图解（图5-1）：

A拍手

B左手拍杯底

C右手拍杯底

D左手手心向上，右手握住纸杯

E右手握住杯身，杯口向下举起纸杯

F杯口向下放回原位

G右手握杯身，将纸杯放在左手手心上（不放开纸杯）

H左手手心向上放于腹前，右手握杯身将纸杯放在左手手心上（放开纸杯）

I右手拍地；J左手拖住纸杯跨过右手
把纸杯扣在右边同学正前方的地板上

K左手回到身体左侧

图5–1　杯子游戏

小贴士：这是一个传杯子的游戏，教师要边说古诗边教给学生动作。

●在教师的带领下集体进行杯子游戏。

小贴士：教师的对面一定要安排能力比较强的学生，因为对面学生的动作和教师的动作是相反的。

●左右手交换做刚才的动作，右手将纸杯传给左边的同学。

小贴士：根据学生的熟练程度，传纸杯的速度可以越来越快。

3. 分别用$\frac{2}{4}$、$\frac{3}{4}$、$\frac{4}{4}$拍朗读古诗并进行二声部卡农。

●把学生分成A、B两组用$\frac{2}{4}$拍进行卡农练习。

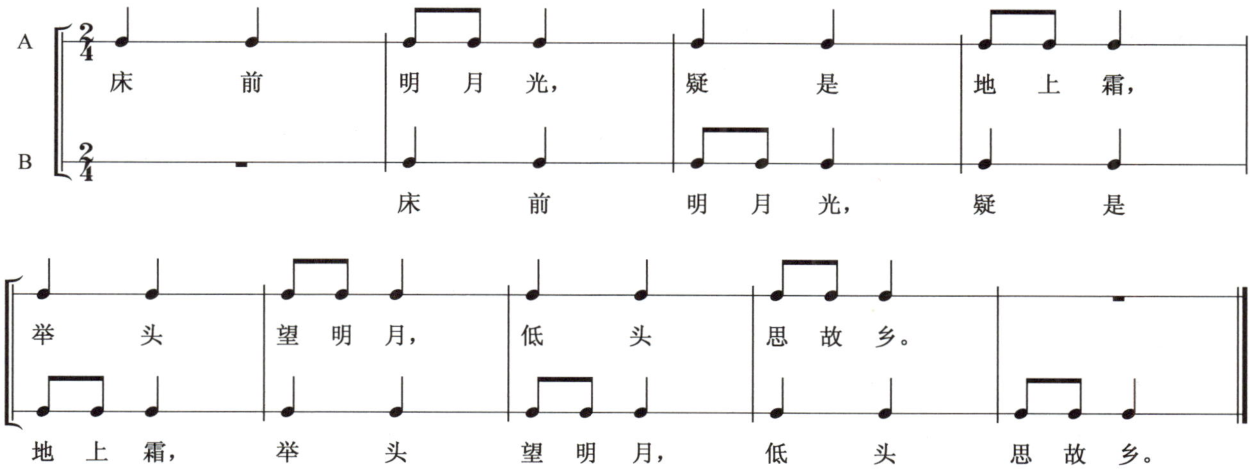

●用$\frac{3}{4}$拍进行卡农练习。

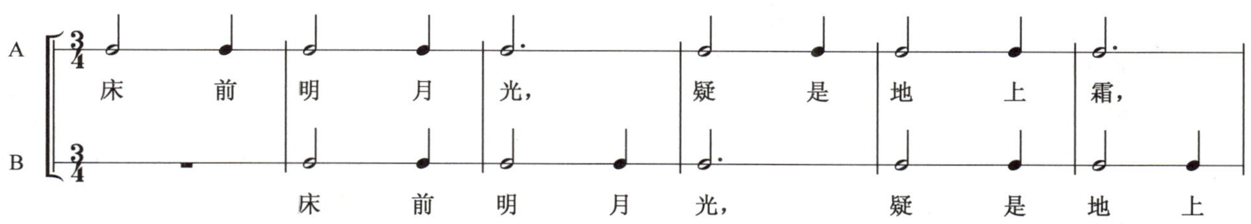

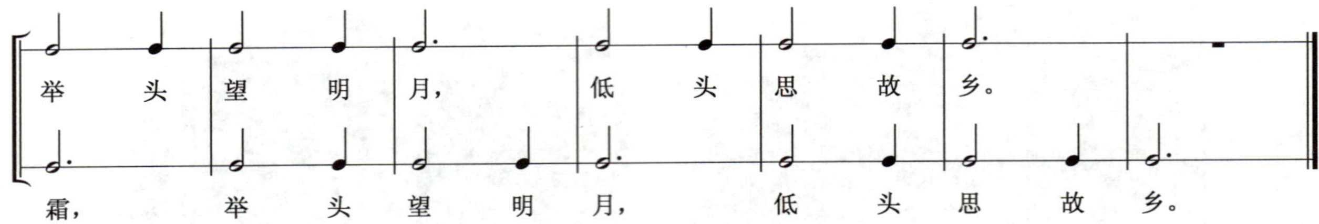

●用$\frac{4}{4}$拍进行卡农练习。

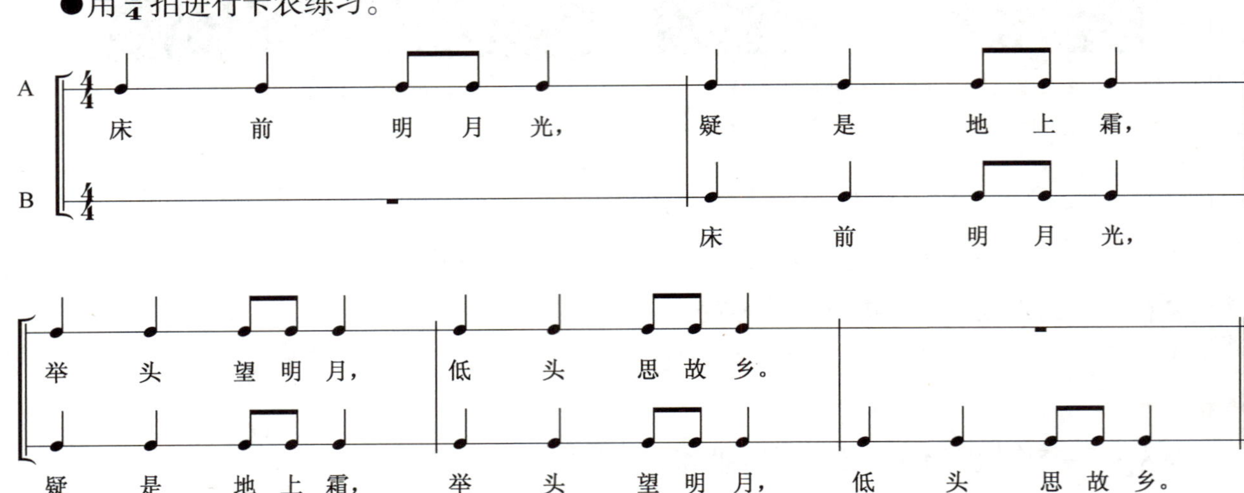

小贴士：教师可以加大难度，将学生分成三个声部和四个声部继续进行卡农练习。

4. 总结拓展，尝试用其他唐诗做相同的音乐游戏。

引导学生体会国学唐诗的韵律。唐诗具有合辙押韵、朗朗上口的特点，非常适合进行类似的音乐节奏练习，能起到寓教于乐的效果。

小贴士：学生要知道国学内容在学前教育中的重要地位。唐诗的学习，可以锻炼幼儿的记忆力、语言表达能力，使幼儿受到文学美的熏陶，促进优秀道德品质的培养。教师应该不断琢磨如何更好地运用音乐教学法传承优秀中华文化。

课例6　鼓乐节奏：狗相咬

【教学目标】

1. 敢于主动扮演音乐游戏中的角色。
2. 运用传话游戏，感受节奏教学。
3. 了解山西太原的锣鼓音乐节奏型。

【教学准备】

知识准备：山西太原锣鼓曲的相应知识。

教具准备：手鼓；双响筒。

【教学思路】

1. 传话游戏。
2. 学说鼓曲《狗相咬》。

狗相咬

3. 乐器表演。

【教学过程】

1. 传话游戏。

●将学生分成A、B两组进行“传词”游戏，例如，A组学生传“葡萄”，B组学生传“桃子”。

指导语：“同学们，今天我们来玩一个传话游戏，老师分别让每一组同学传一个词，看看哪组同学传得又快又准。”

小贴士：传话游戏是指小声地传一句话，在传话过程中，只限于两个人之间能听到。学生传话时，教师认真观察学生传话的速度。传话游戏训练的是聆听能力，注意力集中能力及声音模仿传递能力。

●进行传话游戏，从传一个词到传一句话：“我家的公鸡下蛋了”。

指导语：“刚才同学们传得都非常认真，接下来我们要传一句话，看看这回哪组的同学传得又快又准。”

小贴士：为了增加趣味性，故意传“我家的公鸡下蛋了”而不是“我家的母鸡下蛋了”。这句话很难传对，传到最后通常就变成了“我家的母鸡下蛋了”，让大家感受谣言是怎么产生的。

●传节奏游戏：

A组传

B组传

指导语：“同学们，刚才我们经历了谣言的产生，接下来，我们再来玩传节奏游戏，看看这回哪组同学传得最好，看看又是哪组同学最能制造谣言。”

小贴士：学生传话时，教师观察学生传话时在哪儿出现问题，但不要纠正。

2. 学说鼓曲《狗相咬》。

●介绍鼓曲《狗相咬》。

指导语：“刚才同学们传的这两个节奏选自鼓曲《狗相咬》。太原锣鼓是流行于我国山西太原的一种锣鼓音乐，经常在农村工厂进行表演，属于民间俗乐表演形式。《狗相咬》鼓曲比较有地方特色，有乡土气息，描绘出乡间村舍大狗和小狗嬉戏玩耍的情形。”

小贴士：我国民族戏曲文化历史悠久，保护原生态的艺术形式迫在眉睫，要重视对幼儿进行传统文化艺术的熏陶，教师要善于从我国民间戏曲中捕捉教学素材。

描写大狗的节奏：

描写小狗的节奏：

●学说鼓曲《狗相咬》。

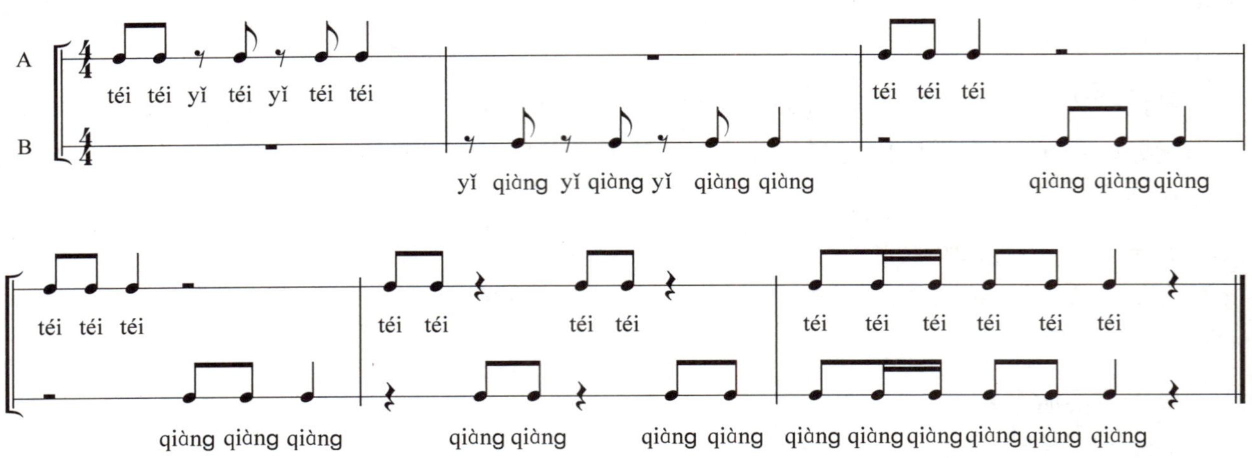

小贴士：把学生分成A、B两组，教师一边指挥一边一句一句地教给学生。

●两组同学带感情地进行表演，A组同学模仿大狗，在朗读节奏的时候要表现出大狗的凶猛，B组同学模仿小狗，在朗读节奏时要表现出小狗的可怜状。但最后一句小狗的声音要大，代表小狗忍无可忍发怒了。

小贴士：在初次练习时，学生会害羞，教师要勇于给学生做示范，鼓励学生表演角色。

●每组选出五个学生出来表演，A组B组站成两竖排面对面站好。A组学生扮演大狗，双手叉腰，冲B组说节奏，边说边按照节拍前后摇摆身体；B组学生面对A组学生蹲下，双手放在下巴颏上，用可怜的表情说节奏，并且眼睛要祈求地看着B组学生，B组学生说到最后一句时突然站起来做出仿佛要扑向A组学生的架势。

小贴士：鼓励学生进入角色，富于表现力地进行表演。

3. 乐器表演

●发给A组学生每人一个手鼓，B组学生每人一个双响筒，两组学生边说节奏边打乐器（同步击拍，口说什么节奏，手打什么节奏），yǐ是空拍，不敲击乐器（图6–1）。

图6–1　乐器表演

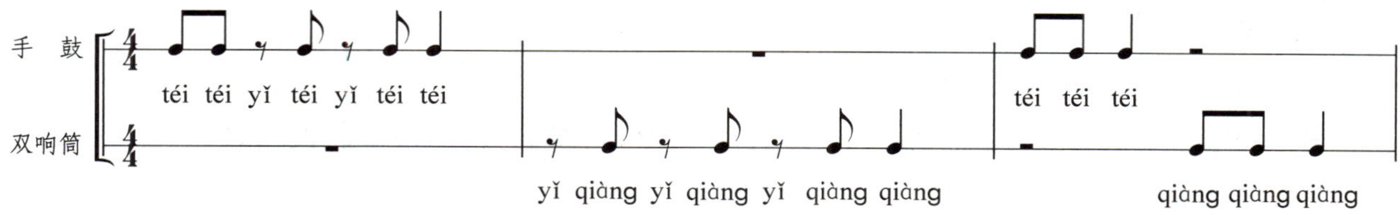

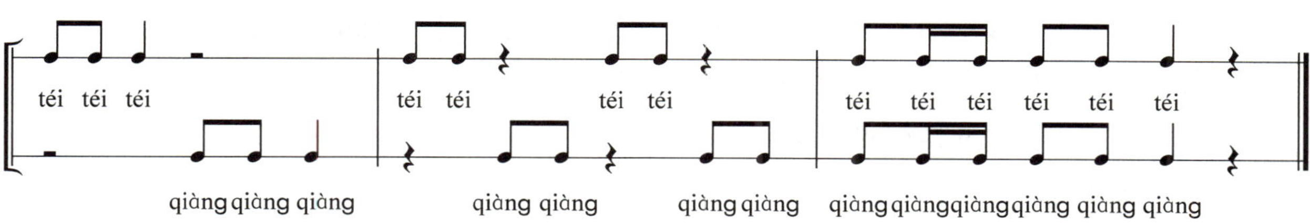

●语言节奏内化，两组同学手上敲击乐器心里说节奏。

小贴士：要富于感情地敲击节奏，把情绪变化用不同强度的乐器敲击表现出来。

（本课例教学思路来源于北师大奥尔夫师资培训班）

理论链接

奥尔夫音乐教师在语言方面应具备的能力见表6–1。

表6–1　奥尔夫音乐教师在语言方面应具备的能力

初级	中级	高级
★用$\frac{2}{4}$、$\frac{3}{4}$、$\frac{4}{4}$、$\frac{6}{8}$拍进行念白 ★用语言材料进行简单的多声部念白 ★用简单的声势为一首节奏简单的语言材料伴奏，声势所用的固定音型须简单明了 ★用不同的音色进行念白 ★用不同的力度和音调进行念白的即兴创作	★用$\frac{5}{8}$、$\frac{7}{8}$拍进行念白 ★用不同的音色和拍子组合进行念白 ★用切分节奏进行念白 ★用简单的音乐结构进行念白，如问答、ABA、回旋曲式、主题和变奏 ★用不同音色、织体、速度和力度表现有节奏和散拍子的语言材料 ★用嗓音为主题式的诗歌、故事、律动和戏剧伴奏 ★根据文本或原始的语言材料展开创编 ★将所创作的图形谱当成是平时的五线谱，并根据图形谱用嗓音进行表演 ★创作集声势、嗓音、律动和乐器为一体的念白作品 ★用念白为动作的即兴创作伴奏	★进行多声部的念白 ★解释、示范用不同的音色念白 ★解释、示范用不同的音调和各种力度进行念白的即兴创作 ★能示范用语言材料进行各种类型的即兴创作

注：该表参考了美国奥尔夫协会教师教育大纲。

课例7　接龙系列游戏：加伏特舞曲

【教学目标】

1. 敢于大胆创编，体验合作的乐趣。
2. 运用接龙游戏训练学生打拍子的稳定性。
3. 学习“鱼咬尾”的创作手段。

接龙系列游戏

【教学准备】

知识准备：了解奥尔夫声势教学的多种形式。

教具准备：音乐播放器；音乐——戈塞克《加伏特舞曲》；手鼓；黑板/白板。

【教学思路】

1. 身体接龙。

（1）一个学生做两个动作，后一个学生模仿第二个动作后再创编一个新动作，以此类推。

（2）结合教师打的节奏进行动作接龙游戏。

（3）结合音乐进行动作接龙游戏。

2. 嗓音接龙。

（1）一个学生随意发出一组声音，后一个学生模仿后半段后再创编一个新声音，以此类推。

（2）根据教师给出的速度进行嗓音接龙游戏。

3. 声势接龙。

（1）一个学生做一组声势，后一个学生模仿后半段后再创编一个声势，以此类推。

（2）根据教师给出的速度进行声势接龙游戏。

4. 旋律接龙。

（1）一个学生即兴创编并演唱一小段旋律，后一个学生在模仿后半段旋律的基础上再发展一段旋律，以此类推。

（2）结合教师要求的拍子、速度及乐句长度进行旋律接龙游戏。

【教学过程】

1. 身体接龙。

●请十个左右学生到前面，面对其他学生排成弧形站好（方便学生互相看到动作）。

●请左面第一个学生随意做两个动作，到第二个动作后保持不动，第二个学生学做第一个学生的第二个动作，随后再创编出一个新动作后保持不动，以此类推（图7–1）。

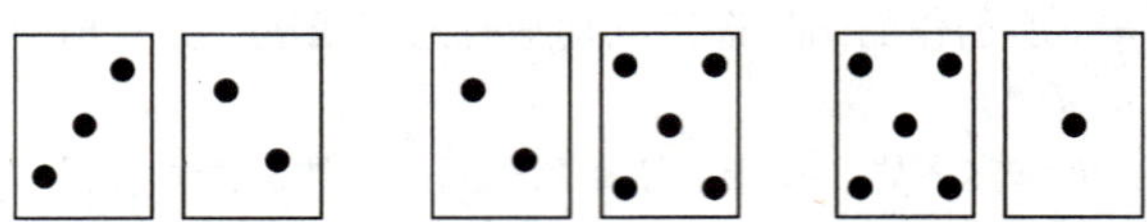

图7–1　接龙游戏规则

小贴士：教师在整个过程中可充分启发学生大胆创编，动作要有新意，不可重复。

●换一组学生做相同的游戏，但这次要求跟随教师所打的拍子进行动作的接龙（可用手鼓打拍子），教师可以先慢速地打四拍子（两拍子为一个动作单位），第一个学生做四拍子动作（即两个动作），其余学生前两拍模仿，后两拍创编。

小贴士：如果学生接受能力很好，教师可以变换不同速度进行游戏，但一定要注意每一组游戏中速度的统一，速度不可逐渐加快或减慢，要在游戏中锻炼学生速度的一致性；如果课时允许，教师还可以进行$\frac{6}{8}$拍子的动作接龙练习，目的在于在教师打拍子的过程中让学生潜移默化地形成对不同拍子的感受。

●请全班学生围成一圈，按照规则随音乐进行身体接龙游戏。在游戏开始之前，教师可以先播放一段音乐，请学生熟悉节奏，或者在音乐的前奏部分静止不动，让学生感知节奏，同时教师也要提示学生以几拍子一个动作的节奏进行接龙。

小贴士：音乐的选择很广泛，只要节奏稳定即可，教师也可以选择不同风格的音乐，学生如果能够捕捉到音乐的风格及情绪做出相应的动作及表情会更有意义。

2. 嗓音接龙。

●先请一组学生到前面排成一排。

●教师引导学生用嘴发出不同的声响。第一个学生先发出两种声音，第二个学生模仿第二种声音之后再创编另一个音节，以此类推。

小贴士：在此环节中，教师不要规定学生发几个音节及所发音节的具体长短，应让学生自由发挥进行创作。

●换一组学生做相同的游戏，这次同样要求跟随教师用手鼓所打的拍子进行嗓音接龙，教师可以先慢速地打二拍子。如谱例：

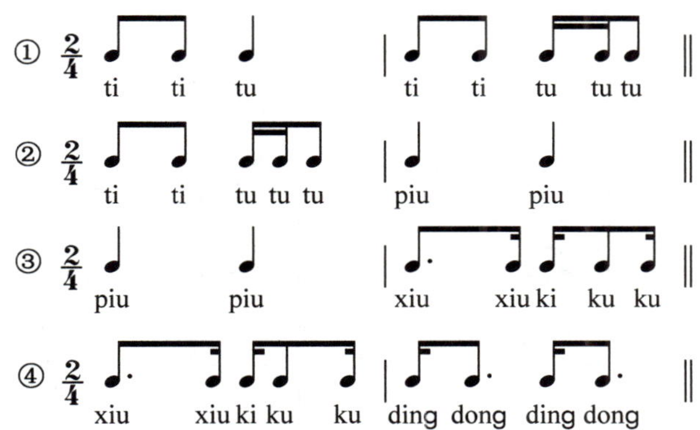

小贴士：在这一环节中，学生很可能无形中受到前面同学先发出的音节的影响，固定了节奏模式，教师应引导学生调动所有所学过的节奏型，要力求不仅声响丰富，而且节奏型也要丰富。

●换一组学生做相同的游戏，继续加大难度，以三拍子为一组，或以四拍子为一组。

小贴士：教师要提示学生，嗓音接龙同身体接龙一样要注意节奏稳定，同时还要注意吐字清晰，保证后一个学生听得清晰，只有这样才能保证游戏的顺畅进行。

3. 声势接龙。

●请10位左右学生到前面，面对其他学生排成弧形站好（方便学生互相看到动作）。

●教师讲解基本的游戏方法。

●教师先以两拍子为单位，请左面第一个学生按教师的拍子速度做四拍子的声势，接下来第二个学生模仿第一个学生后两拍的声势之后，再创编出一个新的声势节奏，以此类推。

小贴士：传统的声势动作包括拍手、拍腿、跺脚、捻指四种基本形式。奥尔夫采用混声四部形式，将传统的声势动作变成大量的多声部节奏练习和曲式结构练习，是音乐教学中的经典方法。除了上述四种声势的基本形式外，还可以扩展出更多的声势形式，可以进行从头到脚全身各个部位的拍打，以获得丰富的节奏和音色变化。在这一环节中，因为是即兴创编，学生开始会紧张、不知所措，教师先不用要求必须包括几个声部，应当引导学生先尝试着去创编，一个声部或几个声部都可以，节奏型也可简单，只要力求动作在节奏之内即可。

●换一组学生做相同的游戏，这次要求以四拍子为一组，而且要求学生必须创编出两个声部以上的声势，教师可用拍掌或打手鼓的方式给学生打拍子。如谱例：

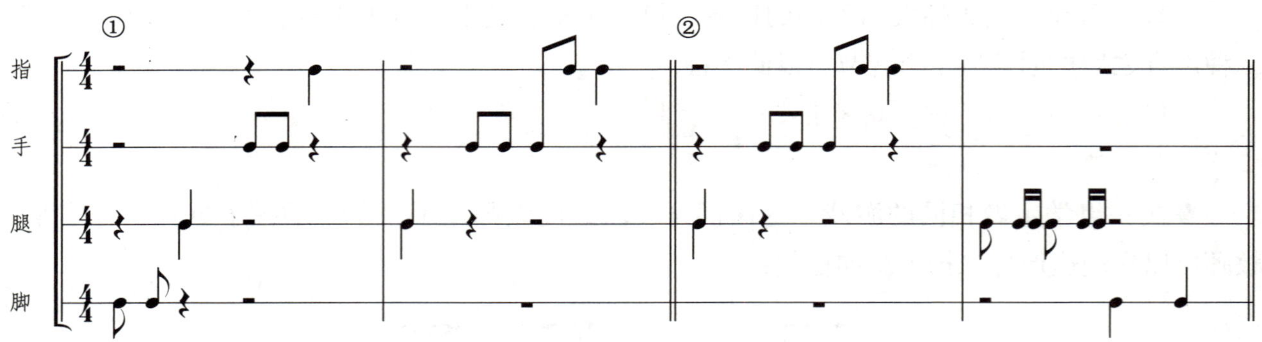

小贴士：教师应提示学生不要都用一个节奏模式，和前面的嗓音接龙一样，声势接龙不仅要节奏形式多样，声势声部也应尽可能丰富，但也不可以太混乱和琐碎，要有合理性以方便学生模仿。

●教师可以变换不同速度继续进行游戏，要注意每一组游戏中速度的统一。教师还可以进行$\frac{6}{8}$拍子等不同单位拍子的声势接龙练习。

4. 旋律接龙。

●先请一组学生到前面排成一排。

●教师讲解基本的游戏方法。

●一个学生即兴创编演唱一小段旋律，后一个学生模仿后一句后，在原有旋律的基础上再发展一段旋律，以此类推。

●教师用手或手鼓打基本拍，要求以两拍子为单位进行旋律接龙游戏。如谱例：

小贴士：教师应提示学生创编旋律时要注意其走向的可持续性，最后一个学生创编的旋律应力求有结束感。

●加大难度，这次要求以四拍子为单位进行旋律接龙游戏。

小贴士：和前面的接龙游戏一样，教师要引导学生丰富旋律走向及节奏类型，注意前两个学生所定下的调式特点，如开始是小调式也应发展及结束在小调式上。

●此游戏同样可以以 $\frac{3}{4}$、$\frac{6}{8}$ 等不同拍子进行游戏练习。

小贴士：引导学生创编不同风格的旋律，如舒缓悠长或是紧凑活泼的节奏型等，丰富学生的创编能力及艺术感受力。

【音乐建议】

戈塞克《加伏特舞曲》。

（本课例教学思路来源于北京奥尔夫协会奥尔夫师资培训班）

课例8　即兴创编器乐曲

【教学目标】

1. 乐于与同伴共同为乐曲配器。
2. 尝试用多种形式为乐曲配器。
3. 了解奥尔夫乐器的种类及为乐曲配器的原则。

【教学准备】

知识准备：了解奥尔夫乐器的种类；配器原则；由教师自己创编的配器方案。

教具准备：钢琴；奥尔夫乐器。

【教学思路】

1. 教师说明创编要求并示范。
2. 小组创编。

【教学过程】

1. 教师说明创编要求并示范。

●不同的创编活动要求不能雷同；活动需由大家共同合作完成；所有的人都要全身心地投入即兴创编中去；教师要为学生提供最大限度的自由空间，让学生多尝试，在不断尝试中，找到最好的、最适合的创作元素；激发学生的学习兴趣，使学生在完成创编的同时，获得最大的成就感和自豪感。

●使用到的乐器有钢琴、奥尔夫乐器、人声；要求编配出不少于七种乐器的作品。

●教师可以先指导大家演奏一遍自己创编好的作品，给学生一个直观的感受，为学生提供创编的参考，如下图谱例：

谱例一：

谱例二：

小贴士：要根据节奏型的特点选配不同的乐器。鼓类乐器适合作低声部，用在强拍上给人以稳定感；木制类乐器，适合敲击节奏较复杂、速度较快的一些节奏，常担任“旋律部分”，演奏起来节奏清晰、干净；散响类乐器，一般不宜作强拍和较快而复杂的节奏型，但因它的音长是靠摇动控制的，所以适合于长音演奏，对感受音的长短来说是比较理想的打击乐器；金属类乐器，不宜演奏音符多且速度快的节奏型，避免在音响上混作一片。总之要鼓励学生大胆尝试，小组成员要各抒己见，相互配合，共同创编和排练。

2. 将学生分组进行创编。

●教师指定一个节奏动机，每组可以设定不同的曲风，从一个声部开始，不断发展叠加到两个、三个、四个等。

●根据以上七个声部的演奏效果，加入人声和钢琴伴奏，学生可根据曲子的风格特点选择合适的歌曲或者自编旋律，再配上和声和钢琴伴奏。也可以增加难度，加上律动或者舞蹈来丰富作品。

小贴士：在学生进行创编时，教师要给予引导、鼓励和启发，培养学生勇敢创编的品质，让学生将钢琴、声乐、和声、舞蹈等课程的专业知识，有效地运用到创作中。

●各组进行汇报演出，并且在演出后，交流、总结创编过程中的心得体会。请每一组学生谈一下创编的思路，以及在排练中遇到的问题、困难和解决的办法。

理论链接

奥尔夫音乐教育打击乐器见表8–1。

表8–1　奥尔夫音乐教育打击乐器列表

打击乐器	
旋律性打击乐器	非旋律性打击乐器
钟琴：高音钟琴、中音钟琴	皮质类：手鼓、定音鼓、大鼓等
木琴：高音木琴、中音木琴、低音木琴	散响类：串铃、沙锤、沙蛋、铃圈、手铃、腕铃等
钢片琴：高音钢片琴、中音钢片琴、低音钢片琴	金属类：三角铁、大镲、碰铃、指钹等
音块、音筒	木质类：双响筒、单响筒、响棒、蛙鸣筒等

课例9　律动练习：雨的节奏

【教学目标】

1. 乐于与同伴交流体会。
2. 发展肢体动作的协调性，用不同的肢体动作表现音乐。
3. 掌握音乐的节奏特点，以及节奏及与拍子之间的关系，学会基本舞步。

【教学准备】

知识准备：舞蹈与律动的区别。

教具准备：音乐播放器；音乐《雨的节奏》。

【教学思路】

1. 基本舞步教学。

2. 结合音乐做动作。

【教学过程】

1. 基本舞步教学。

（1）请学生围成里外两圈，两人一组保持一米左右的距离相对站好。

（2）教师教学基本舞步。

●双手握空心拳，双臂自然地微微架起，左脚开始向前小步走（左脚—右脚—左脚—右点步），紧接着右脚向后小步走（右脚—左脚—右脚—左点步）（图9–1），共一个八拍，同时，上肢自然地随之摆动。

●上肢保持原有动作，里外两圈的学生都向左侧从左脚开始侧步舞动（左脚—右脚—左脚—右点步）（图9–2），紧接着右脚开始向右侧回来（右脚—左脚—右脚—左点步），共一个八拍，同原来的舞伴面对面。

图9–1

图9–2

●相对的舞伴伸出右臂，手轻轻搭起，手臂自然弯曲；左臂侧举、手心向下、手臂自然弯曲；左脚前点步，同时身体向左微转，左脚回原位点步，重复一遍，共一个八拍（图9–3）。

●第四个八拍的动作如下。

方式一：向右转身，左手叉腰，头向左看向舞伴，右手做再见的手势，小步向前走动，最后两拍时转过身体同新舞伴面对面（图9–4）。

图9–3

图9–4

方式二：双腿并拢弯曲，左臂与身体45° 角支起，右手做再见的手势（图9–5）。紧接着起身，右臂向右伸出，手与右侧前方新舞伴的右手相握（即原来舞伴左方的同学），同时右脚向右侧方大跨步，左脚跟上，与新舞伴面对面（图9–6）。此动作共一个八拍。

图9–5

图9–6

●交换舞伴循环做上述四个八拍的动作。

小贴士：奥尔夫律动舞蹈中交换舞伴的方式很常见，且方式有很多，目的是提升学生的兴趣与新鲜感，促进学生之间的交流与合作。教师可以引导学生发挥想象，在以后的课例创编中设计出多种交换舞伴的方式。

2. 结合音乐做动作。

小贴士：律动是在听音乐的同时以身体运动来体验音乐，并将这种体验转化为感受和认知。律动不是用音乐伴奏的舞蹈，也不是随音乐进行的体育运动。律动不注重身体姿态或外表形式，而是再现音乐所必需的要素。

●前奏部分，学生可以站在原地，身体随着节奏自由摆动。

小贴士：在轻松活泼的音乐下，教师应引导学生放松肢体，体会此种动作的自由性，重点在于脚步与节奏的准确结合，以及在做动作的过程中共同体会音乐的美，因此在律动的过程中要注意与舞伴的眼神交流，也可以有简单的语言交流。

【音乐建议】

《雨的节奏》。

（本课例教学思路来源于北京奥尔夫协会奥尔夫师资培训班）

课例10　律动舞蹈：阿细跳月

【教学目标】

1. 大胆模仿教学视频中的动作，乐于通过动作感受音乐。
2. 在活动中尝试三人合作，体验动作教学在音乐教学中的重要性。
3. 在了解竹竿舞特点的基础上，初步学习竹竿舞，体验跳民族舞带来的愉悦。

【教学准备】

知识准备：了解彝族的音乐文化和海南黎族竹竿舞的相关知识。

教具准备：竹竿舞视频；民族服饰；竹竿或长绳；音乐播放器；音乐《阿细跳月》。

【教学思路】

1. 准备活动。
2. 欣赏音乐，学跳竹竿舞。
3. 学生穿上民族服饰表演竹竿舞。

【教学过程】

1. 准备活动。

●学生初步感受音乐的节奏特点。教师简单介绍本节课所涉及的两个民族的特点。

指导语："近年来，民族音乐文化盛行，人们越来越关注本民族音乐的传承。此课例将彝族音乐《阿细跳月》和黎族的竹竿舞融合在一起，希望此课例让各位同学既能感受到音乐的民族特色，对学习民族音乐感兴趣、又能体验民族舞蹈——竹竿舞。希望同学们在日后幼儿园教学中能合理选择民族音乐素材，实现奥尔夫音乐教育的本土化。现在就让我们一起来感受一下吧。"

●学生在教师的带领下听着音乐即兴表演，熟悉音乐的节奏及旋律，为后面的活动做铺垫。

小贴士：即兴表演是创作的基础，要充分调动学生即兴表演的欲望，从而培养学生日后教学的研究性和创造性。

2. 欣赏音乐学跳竹竿舞。

●带领学生欣赏竹竿舞视频，让学生对竹竿舞有初步的了解。

指导语："我国是一个统一的多民族国家，每一个民族都有自己的文化特征，不同的民族有不同的歌舞表现形式。今天我们来了解一下黎族，那里的人会用竹竿跳舞，我们一起来欣赏吧。"（大家一起观看竹竿舞视频。）

指导语："他们是如何利用竹竿跳舞的？"

指导语："他们是怎么跳的？竹竿是怎样移动的？"

指导语："这种舞叫竹竿舞，竹竿的移动叫打竹竿。"

●学生学习跳竹竿舞（图10–1）。

指导语："竹竿舞讲究的是打竹竿和跳竹竿的人要默契配合，只有节奏一致，才能完成。"

图10–1 竹竿舞

小贴士：可以用长绳代替竹竿。需要注意的是，打竹竿的两名学生要先将长绳拉紧再移动。

●教师和两名学生组成一组做示范。

小贴士：教师要选择协调性强、合作能力强的学生一起做示范。不要着急让其他同学自己尝试，可以多找几名学生轮流和教师配合。

指导语：“同学们，你们在跳竹竿舞的时候发现了什么问题？”

小贴士：学生在最初跳竹竿舞时竹竿会经常碰到脚。竹竿舞要求三个人要配合默契，节奏统一，可以多练习几遍。

●请一组学生做示范，教师指导。

小贴士：建议将舞蹈进行分解练习，如打竹竿的学生先练习，跳竹竿的学生先观察再练习。教师引导学生先将舞步与节拍和节奏相对应，再加入竹竿进行表演。教师可以先和一名学生进行打竹竿练习，让其他学生明确打竹竿时打的动作和节奏，之后再由两名学生打竹竿，教师跳。最后请学生三人一组尝试练习。

3. 学生穿上民族服饰跳竹竿舞。

●教师将学生分成若干组，每组5个人，其中每组2人打竹竿，其他3人跳舞。

小贴士：清晰交代每一个教学环节，让学生体会各教学环节间的关系和设计的初衷。同时，学生在练习过程中也体会到了合作的快乐。因此，此课例对培养学生的合作能力有着重要的意义。

【音乐建议】

《阿细跳月》。

阿 细 跳 月

彝族音乐

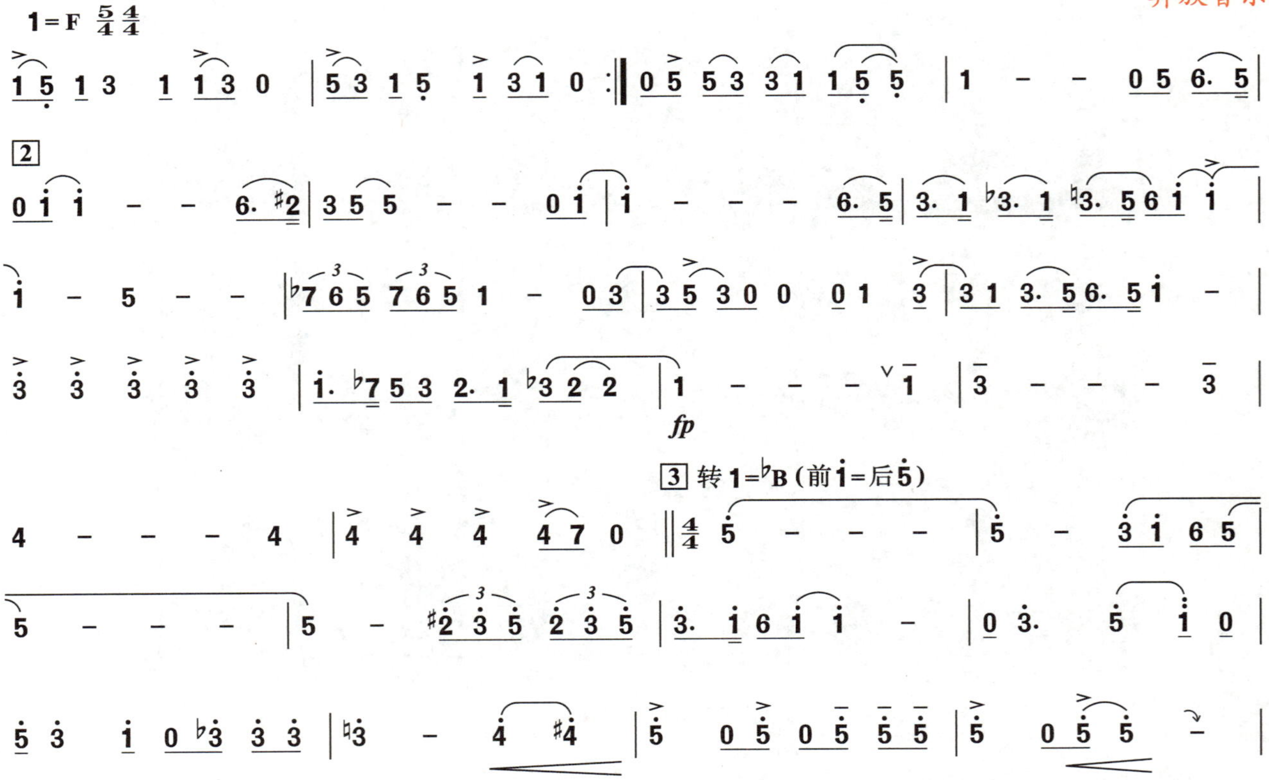

1=F 5/4 4/4

2

fp

3 转1=♭B（前i=后5）

4 转 1=F（前 $\dot{2}$=后 5）

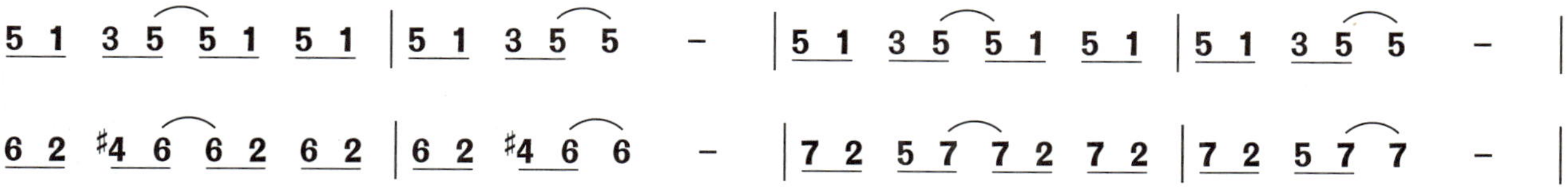

5 1 3 5 5 1 5 1 | 5 1 3 5 5 - | 5 1 3 5 5 1 5 1 | 5 1 3 5 5 - |

6 2 #4 6 6 2 6 2 | 6 2 #4 6 6 - | 7 2 5 7 7 2 7 2 | 7 2 5 7 7 - |

理论链接

奥尔夫音乐教育中的律动教学

婴儿通过动作感知周围的世界，动作是人类开始认知的常用手段，是人类生命力的表现，是幼儿成长的重要标志。从会爬到会走到会跑，每一个阶段都标志着人在生理上的逐步成熟。律动教学可以促进学生认识自己的身体，可以帮助学生发展身体动觉的敏感性，可以提高身体的协调能力，也可以从另一个角度启发学生对音乐的感知。

奥尔夫音乐教育在形成前期曾受达尔克罗兹音乐教学法的影响和启发。在其音乐教育发展的初期，奥尔夫将音乐和律动置于同等重要的位置。在奥尔夫音乐教师看来，音乐就是听得见的律动，律动就是看得见的音乐，两者在一定程度上体现出较多的共性。在奥尔夫音乐课堂中，舞者可以奏乐、歌唱，乐者亦可跳舞，动作和音乐是相辅相成、不可分割的，学生通过身体律动获得对音乐更为深入的体验和感知。

目前在奥尔夫音乐教育中，律动分为集体舞、表现音乐元素之律动和创意律动。集体舞的教学内容主要是不同文化的传统律动，学习这些律动不仅可以提高学生的音乐素养、音乐智能，还可以提高学生的社会交往能力与合作能力，开阔学生的视野，使学生通过不同的动作特点了解、熟悉不同的音乐文化。表现音乐元素之律动是鼓励学生用肢体动作去表现所听到音乐的各个元素，包括节奏、旋律线、织体、结构等，该类律动不仅能促进学生的音乐欣赏能力，而且能让学生在更为细腻地欣赏音乐的同时，认识到音乐和动作之间的关系。创意律动是让学生探索律动在空间、时间、质量等方面动作元素的不同和特点，并能够独立或与他人合作，了解和开发动作的可能性，这类律动可以丰富学生在动作表达方面的体验，并为律动、戏剧等表演提供更多的素材。教师可以鼓励学生去感受各种动作（如走、跑、跳）的方向、力度、形式、质量、速度等，启发学生尝试不同的动作表达形式，从而提高学生对音乐和动作的敏感度。

课例11　即兴练习：打字机

【教学目标】

1. 大胆参与音乐游戏，能够在音乐活动中获得积极、愉悦的审美体验。
2. 通过律动加强对音乐的感受。
3. 能够听辨出音乐中旋律、音色、节奏、速度、力度等要素的特点和变化。

【教学准备】

知识准备：美国作曲家安德森的创作特点及老式打字机的相关介绍。

教具准备：三角铁；沙锤；老式打字机图片一张；音乐播放器；音乐——安德森《打字机》。

【教学思路】

1. 情境导入。

2. 听音乐做动作。

3. 乐曲介绍。

4. 听音乐做游戏。

5. 乐器合奏。

6. 幼儿园教学指导。

【教学过程】

1. 情境导入。

●出示老式打字机的图片，向学生介绍老式打字机。

指导语："同学们，你们现在看到的是一台老式打字机的照片。在计算机诞生之前，打字机的作用可大了，现在打字机已经被计算机所取代，今天我们就一起来体验一下操作老式打字机的快乐。"

小贴士：此环节如果能找到老式打字机的实物进行展示是最理想的。

●教师通过摇动沙锤，训练学生听到声音做出反应的能力。听到沙锤的声音，双手在桌子上模仿打字员打字；沙锤的声音停止，打字的动作也停止。

小贴士：听声音做动作，训练学生对声音的反应能力。要将这一环节训练熟练，为接下来的音乐律动游戏做铺垫。

2. 听音乐做动作。

●播放音乐，A段时听到打字声就在桌子上模仿打字员打字，音乐中打字的声音停止，打字的动作也停止；B段时在腿上用双手打节拍；再现A段时还是听到打字声就在桌子上模仿打字员打字，音乐中打字的声音停止，打字的动作也停止。

小贴士：此曲段落旋律对比明显，A段打字与停止频繁交替出现，对于第一次听到此曲就做动作的学生来说是有难度的，但正因为有很强的挑战性，因而趣味性很强。这时教师的示范尤为重要，教师站在前方带领学生一起边听音乐边做动作。

3. 乐曲介绍。

指导语："这首乐曲是美国作曲家、指挥家安德森从打字机富有节奏的音响中获得灵感，从而创作的一首管弦乐作品，名为《打字机》。乐曲共1′43″，虽短小却诙谐有趣。快速平稳的第一主题旋律在全曲中出现了三次，第二主题以上行、下行的反复波动配以鲜明的力度构成了形象而具有动感的旋律，与第一主题形成明显的对比。乐曲最大的特点是将打字机作为节奏乐器，以快速灵巧的旋律，淋漓尽致地表现了打字的声音。打字铃声和换行倒机声是这首乐曲的特殊音效。"

●听音乐看教师画图形谱。

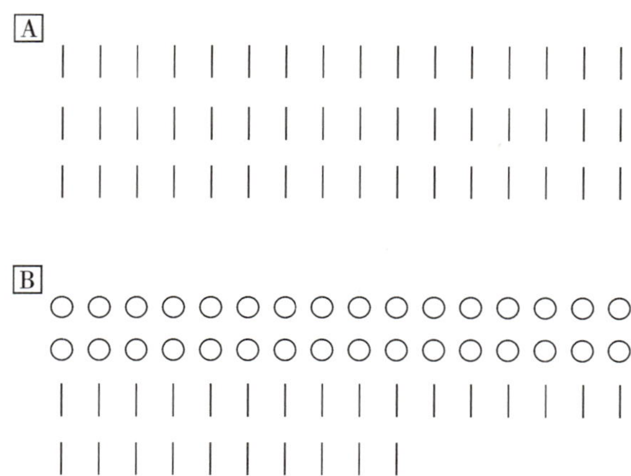

小贴士： 相同的旋律做相同的动作，因此，学生会误认为这首乐曲的曲式结构是ABA结构，但实际上其为AB结构，A段呈式段，B段对比段（对比部分加再现部分），是典型的带再现的单二部曲式结构。

4. 听音乐做游戏。

●两个同学面对面坐好，A同学双手放平手心朝上放在B同学的双腿上。B同学将双手弯曲在A同学的手上做模仿打字的动作。一听到打字的声音，B同学就在A同学的双手上模仿打字员打字（图11–1），当听到“叮”的一声时，B同学迅速打A同学的手，A同学在B同学打到之前把手从B同学腿上像抽纸一样抽回来。看谁反应快。反应慢的A同学就会被B同学打到，如果A同学反应快，及时抽回了手，B同学就会打到自己的腿（图11–2）。

图11–1　听音乐做游戏1

图11–2　听音乐做游戏2

5. 乐器合奏。

●A段：A组同学用沙锤，B组同学用三角铁，听音乐敲击乐器。打字机声响起，A组同学摇动沙锤。打字机声结束，B组同学敲击三角铁，三角铁的敲击根据音乐中三角铁敲击时间的长短进行。

●B段：A组、B组学生一起用乐器敲击节拍。再现部分，打字机声响起，A组同学摇动沙锤，打字机声结束，B组同学敲击三角铁。三角铁的敲击根据音乐中三角铁敲击时间的长短进行。

小贴士：掌握好乐器敲击音量，音量不要太大，声音不要盖过主旋律。

6. 幼儿园教学指导。

小贴士：此曲用于幼儿园教学时，建议按照三段ABA结构进行，教学中着重强调第一段旋律和第二段旋律的对比。此课例对幼儿专注力、反应力、音乐旋律的辨别力的培养有很好的作用。音乐的教学不要被学科逻辑所局限，要根据不同年龄段幼儿的生理和心理特点进行教学方案的设计和教学形式的选择。

【音乐建议】

《打字机》。

（本课例教学思路来源于北师大奥尔夫师资培训班）

理论链接

奥尔夫音乐教育中的即兴

奥尔夫音乐教育中的即兴并非漫无目的的随意表现，而是有根据、有结构的临时性创造，这一核心理念在“课例11 即兴练习：打字机”中有所展现。课例中“听沙锤声做打字动作”的环节，体现了奥尔夫“初级即兴”的理念——让学生在无预设规则的探索中，通过声音与动作的即时联结唤醒潜在创造力。学生听到沙锤声时模仿打字、声音停止时动作暂停，这种基于感官刺激的即兴反应，正是奥尔夫所强调的“毫无准备的音乐探索”，为后续更有质量的创作奠定基础。

奥尔夫认为，即兴需从初级向高级递进，即通过聚合性思维对探索内容进行筛选整理。课例中“分段做动作”的设计便遵循这一逻辑：先让学生在A段专注模仿打字动作、B段专注拍腿打节拍，在熟悉音乐元素（如A段频繁的节奏交替、B段的稳定节拍）后，再进入“乐器合奏”的高级即兴——用沙锤对应打字声、三角铁表现“叮”声，通过乐器分工将零散的探索转化为有序的音响结构，这与“对初级即兴内容进行整理筛选”的要求完全契合。

同时，奥尔夫强调即兴需以“音乐语汇储备”为前提。课例先通过“听音乐辨段落”让学生掌握A段、B段的旋律特点，再引导其用乐器演绎对应节奏型，正是为了让学生在有素材积累的基础上进行创作。正如课例中“沙锤表现快速打字声、三角铁表现长音铃声”的设计，学生只有先理解音乐要素的特点，才能在即兴中做出恰当的艺术表达。

此外，即兴被奥尔夫视为“评估学习效果的试金石”。课例中“两人互动游戏”（如B同学打手时A同学抽手）与“乐器分组合奏”，既考察学生对音乐信号的反应速度，也检验其对节奏型、段落结构的理解程度。学生在即兴配合中展现的对音乐元素的把握，正是教师判断其学习效果的直接依据，这也符合奥尔夫“即兴是教学效果反馈手段”的观点。

从课例整体来看，所有即兴活动均围绕“感知音乐要素（节奏、结构、音色）”的核心目标展开，让学生在“探索—整理—协作”的即兴过程中，深化对《打字机》乐曲特点的理解，充分体现了奥尔夫“即兴是音乐学习核心手段”的教育思想。

课例12　音乐游戏：瑶族舞曲

【教学目标】

1. 了解我国瑶族的风土人情，感受瑶族音乐的特色；享受瑶族音乐文化带来的乐趣。

2. 通过探索“纸”发出的声音、做律动等，感受不同音乐教学形式产生的不同效果。

3. 想象音乐描绘的内容和场景，进一步培养音乐感受能力和欣赏能力。

4. 学会采用不同的材料作为教具进行音乐教学。

【教学准备】

知识准备：瑶族音乐文化相关知识。

材料准备：彩色A4打印纸；塑料饮料瓶两个（里面都装上少量黄豆）；音乐播放器；音乐《瑶族舞曲》。

【教学思路】

瑶族舞曲

1.“纸”的游戏。

2. 听音乐做原地律动。

3. 听音乐做移动律动。

4. 介绍乐曲。

5. 乐器游戏。

【教学过程】

1.“纸”的游戏。

●让学生围成一个圆圈坐好，给每个学生发两张彩色A4打印纸，让学生一只手拿一张纸探索：你能让这两张纸发出哪些声音。

指导语：“同学们，声音无处不在，钢琴能发出声音，小鼓能发出声音，纸也能发出各种声音，我们一起来探索一下纸都能发出哪些声音。”

指导语：“我们可以通过拍打、搓、弹等动作让纸发出不同的声音。在幼儿园的教学中，把日常用品引入音乐教学既环保又能发挥幼儿的想象力，同时教具来源越贴近幼儿生活越能调动幼儿的积极性。”

●学生演示自己探索的声音。

指导语：“同学们的想象力真是非常丰富，那接下来我们请几个学生展示一下他们创造出来的声音。”

●学生完成一个八拍动作的创编。

指导语：“接下来我们玩一个模仿游戏，请每个同学利用手中的纸发出声音做一个八拍的创编，要按老师给出的速度做动作，然后其他同学模仿。”

小贴士：学生围成圆形，从教师右手边开始，第一个学生演示，其他学生模仿，每个动作反复做两遍。（展示—模仿—展示—模仿），展示和模仿要注意连贯性，不要断开。

2. 听音乐做原地律动。

●学生坐在椅子上，边听音乐边模仿教师的动作。

指导语：“接下来，我们要让这两张纸作为乐器给一首优美的乐曲伴奏。”

小贴士：选择的动作尽量是刚才学生创编的动作，相同的段落选用相同的动作，让学生通过视觉、听觉、触觉感受乐曲的结构。

●分析乐曲结构。

指导语：“刚才我们做的律动一共用了几种动作？相同的段落我们用了相同的动作，我们可以看到、听到、触摸到这首曲子由两段组成：开始由轻柔的拨奏模仿瑶族特有的长鼓敲击声，在长鼓的敲击声中奏出幽静委婉的第一主题；第二主题为抒情的中板音乐，描绘抒情而温馨的意境，旋律富于歌唱性。”

3. 听音乐做移动律动。

●教师手部的动作不变，脚在重拍的地方跺下，通过动作感受重拍的位置。

指导语：“同学们，下面我们再加上脚发出的声音，与音乐和纸一起跳舞。”

A段

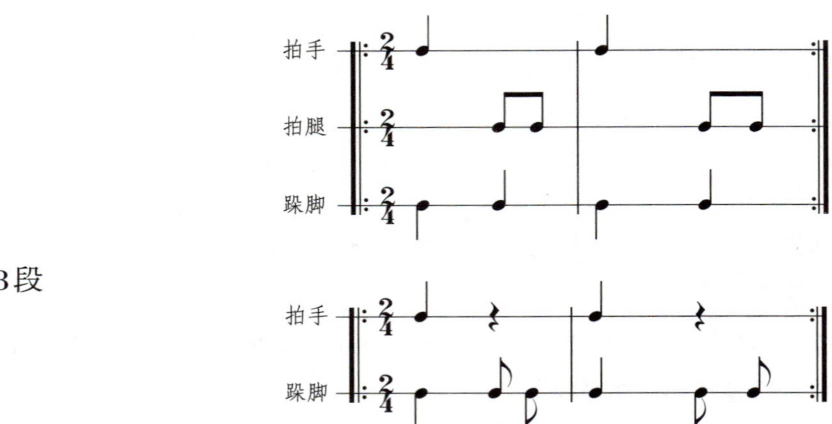

小贴士：不要着急合音乐，先把脚的动作和手的动作练习熟练，以免配合音乐时手忙脚乱。

4. 介绍乐曲。

指导语：“同学们，你们是否接触过这种风格的乐曲？这是一首瑶族乐曲。瑶族是我国历史悠久、文化灿烂的古老民族。这首《瑶族舞曲》，乐曲优美，旋律流畅，生动形象地描绘了瑶族人民载歌载舞欢庆节日的场面，表现了人民的幸福生活和无比欢乐的心情。”

小贴士：把介绍乐曲放在后面是因为想让学生借助原有的经验分辨出这是哪一个民族的音乐。

5. 乐器游戏。

●学生拿出事先自制的装有黄豆的两个饮料瓶，探索用不同的节奏让饮料瓶发出声音（图12–1）。

指导语：“让我们一起来探索自制的乐器都能发出哪些声音。”

小贴士：不同的乐段用不同的敲击方式，用瓶子做打击乐器可以发出很多种声音，可以两个瓶子对敲，对摇等。

●学生演示自己探索的声音。

图 12–1　探索声音

●每个学生跟随音乐完成一个八拍动作的创编，其他学生模仿。

●四个人一组，用不同的打法给乐曲伴奏，每个乐段都要有两个声部出现。

小贴士：我国是一个统一的多民族国家，每个民族都有其独特的艺术形式和音乐风格，教师应该广泛挖掘各民族的音乐素材，并运用到幼儿音乐教学中。

【音乐建议】

管弦乐合奏《瑶族舞曲》。

瑶 族 舞 曲

彭修文编曲

1=♭B　2/4

A

6 3 3 6 | 2· 1 | 7· 2 1 7 | 6· 5 3 | 6· 7 1 2 | 3· 5 3· 2 | 1 23 2 1 | 6 – |

5 56 1 6 | 1 12 3 5 | 3 35 2 35 | 3 – | 6 3 6 3 | 6 2 6 2 | 1 23 2 1 | 6 – :‖

B

‖: 6 3 2321 | 6 1 6 3 | 6 3 2321 | 6 1 6 3 | 6 61 2 1 | 2 5 3 | 2 32 1 21 | 6 6 :‖

课例13　欣赏教学：单簧管波尔卡

【教学目标】

1. 体验不同的欣赏方式所带来的美感与乐趣。

2. 尝试运用各种形式去表现音乐。

3. 了解图形谱的形式特点。

【教学准备】

知识准备：《单簧管波尔卡》的作者简介；创作背景；曲式分析。

教具准备：黑板/白板；音乐播放器；音乐《单簧管波尔卡》。

【教学思路】

1. 结合图形谱欣赏乐曲。

2. 加入声势。

3. 加入打击乐。

4. 创编律动舞蹈。

单簧管波尔卡

【教学过程】

1. 结合图形谱欣赏乐曲。

●方式一：教师请学生先听一遍乐曲，让学生谈感受，并尝试找出乐曲段落。第二遍出示整体图形谱请学生边看边欣赏音乐，请学生自己找出乐曲与图形谱的联系。

●方式二：教师在黑板前站好，请学生边听音乐边看教师随着音乐发展画的图形谱。第二遍播放音乐，教师请一个学生在黑板上结合音乐的进行画图形谱。

小贴士：教师可引导学生观察图形谱的元素特点及规律，画图形谱时一定要有层次感，为曲式分析做好铺垫。

●通过图形谱总结出乐曲的结构图示：A+B+A+C+A（回旋曲式）。

小贴士：《单簧管波尔卡》是一首深受人们喜爱的单簧管独奏曲，由波兰单簧管演奏家普罗修斯卡改编。全曲旋律流畅，轻松活泼，给人以一气呵成之感。

●出示总体的图形谱。

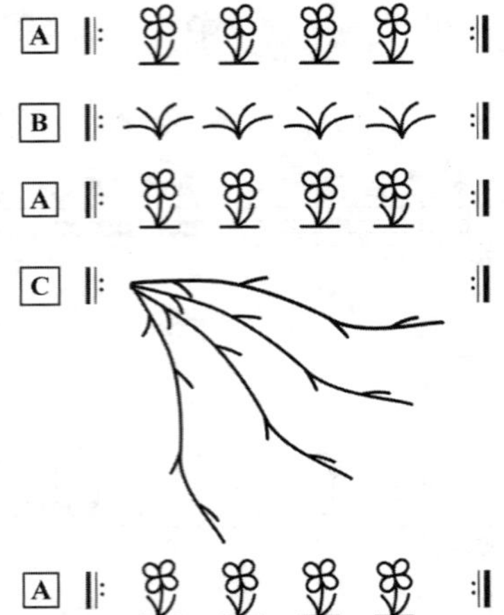

2. 加入声势。

A段

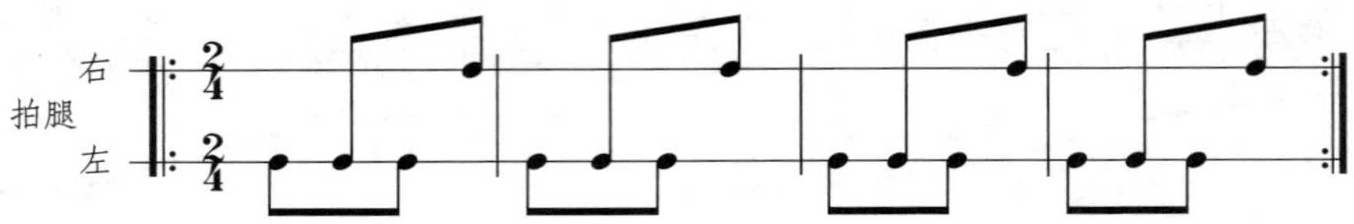

●第二遍反复时可以反过来做。

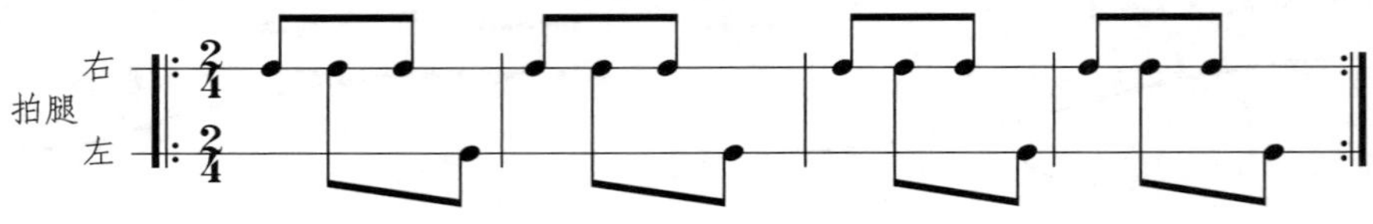

B段

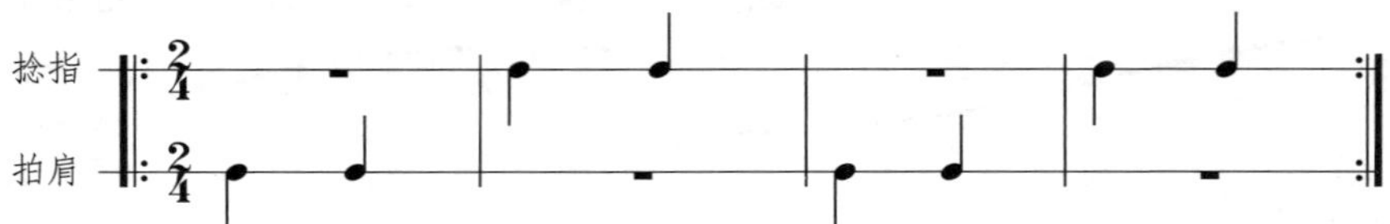

C段

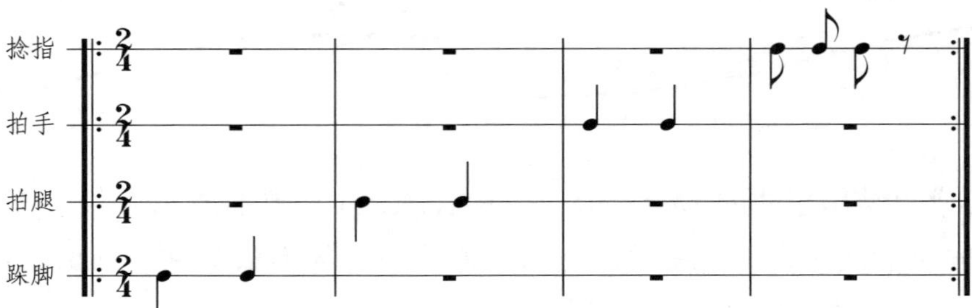

小贴士：教师可引导学生共同创编声势，以上声势节奏及声部形式教师及学生可以只做参考。

●伴随音乐做声势。

3. 加入打击乐。

A段

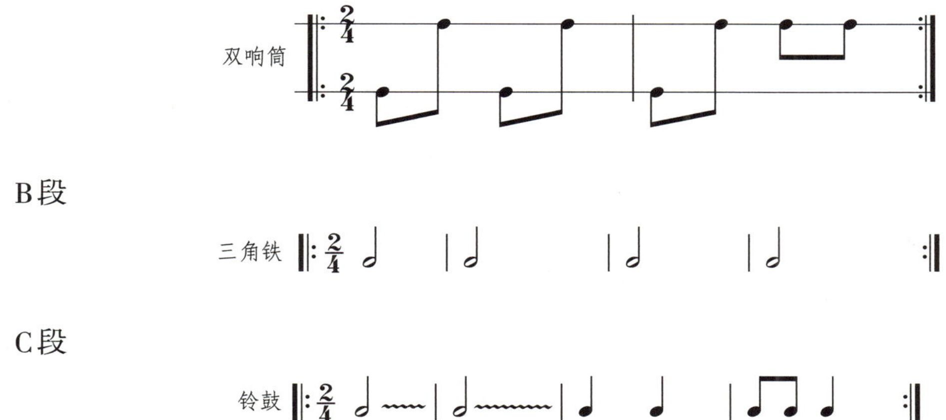

小贴士：在这里铃鼓的前两小节中的二分音符节奏用摇动铃鼓来做长音演奏，后两小节用拍打鼓面来演奏。

4. 创编律动舞蹈。

●学生可以分成小组也可以集体进行自由创编，在此就不做具体的动作描写。

●学生分成声势组、打击乐组及舞蹈组，跟随音乐进行集体表演，体会音乐美、画面美、动作美，并感受合作的愉快。

【音乐建议】

《单簧管波尔卡》。

单簧管波尔卡

普罗修斯卡曲

（本课例教学思路来源于北京奥尔夫协会奥尔夫师资培训班）

理论链接

奥尔夫音乐教学的思路和常用的教学手段

在奥尔夫音乐课堂中，经常会看到教师带着学生玩耍、做音乐游戏的一幕。虽然看起来没有一般音乐课堂那么有秩序，但是仔细观察就会发现，学生虽然在玩，但是却“玩”得很有质量。奥尔夫音乐教师有意识地将语言、唱歌、动作、身体打击乐和乐器演奏糅合到游戏中去，让学生积极主动地去发现、探索音乐的世界，并引导学生建立对音乐的认识。

通常情况下，奥尔夫音乐课程的思路为：以音乐的某一个元素作为起点，在教学过程中通过多样的音乐教学手段对起初的音乐元素进行立体式的发展，帮助学生形成综合能力。在教学过程中，教师经常使用的教学手段有：玩耍、模仿、探索、即兴创作等。

1. 玩耍

教师带领学生自发地对某一材料进行探索。在这个环节中，没有条条框框，教师会要求学生探索同一种材料的不同的演奏可能性、不同的声音可能性，以及利用这一材料进行不同的动作可能性等。目的是不让学生对某一材料形成固定思维，而是让学生能够不断地进行发散性思维训练，激发学生的创造力。例如，在“课例13 欣赏教学：单簧管波尔卡”中，让学生画图形谱，用线条、圆点表示音乐。

2. 模仿

在这个部分，学生需要对教师所教学的内容进行精确的模仿。和一般的音乐教学不同的是，一般学生能够模仿教师的教学内容，整节课就算达成目标。但是在奥尔夫音乐课堂中，这个模仿的环节只是教师给予学生音乐上的启发，帮助学生建立基础的音乐能力，以此引导学生对材料进行更高质量的探索，而不仅仅是停留在表层的模仿。例如，在“课例8 即兴创编器乐曲”中，学生跟着老师学拍节奏、敲三角铁。

3. 探索

探索式的教学手段要求学生对课堂中提出的一些音乐建议进行探索，从而确定比较合适的表现方式。在奥尔夫音乐课堂，教师仅仅是引导者，而不是决定者，至于要选择哪一种音乐表现方式需要学生自己去决定并解释自己选择的原因。这样的学习方式可以帮助学生建立独立的音乐表达习惯，并能形成健全的音乐思维。例如，在“课例2 节奏声势：本草纲目”中，幼儿试了跺脚、拍腿，选择贴合音乐的动作。

4. 即兴创作

学生可以根据探索得出的比较合适的音乐表达方式，即兴形成原创作品。同一个材料在不同的课堂上很可能会生成具有完全不同的视听效果的音乐作品。另外，即兴创作被教师看作是检验教学效果的试金石，教师可以通过学生对该材料的即兴创作，了解学生对所学内容的掌握状况。例如，在“课例13 欣赏教学：单簧管波尔卡”中，学生照着图形谱，自己搭配声势动作和乐器合奏。

综合讨论

1. 针对不同年龄段幼儿的律动教学，需要注意哪些问题？

2. 歌唱教学的选取要把握哪些原则？

3. 幼儿园音乐教学是否可以用乐器教学代替歌唱教学？

拓展练习

1. 请尝试以圣-桑的《动物狂欢节——狮王进行曲》为素材，为3—4岁幼儿创编一堂融入语言教学、律动教学、乐器教学的音乐课。

2. 请尝试以圣-桑的《动物狂欢节——水族馆》为素材，为4—5岁幼儿创编一堂融入语言教学、律动教学、乐器教学的音乐课。

3. 请尝试以圣-桑的《动物狂欢节——化石》为素材，为5—6岁幼儿创编一堂融入语言教学、律动教学、乐器教学的音乐课。

下　篇

幼儿园奥尔夫音乐教学实践篇

第一节　语 言 训 练

课例14　音 的 长 短

【教学目标】

1. 培养幼儿的想象力、创造力，挖掘幼儿的模仿能力、即兴创编能力。
2. 培养幼儿稳定的节奏感，让幼儿体验多声部节奏。
3. 让幼儿感受二分音符、四分音符和八分音符时值的不同。

【教学准备】

三角铁；手鼓；响棒（其他奥尔夫乐器均可）。

【适合年龄】

3—4岁。

【教学思路】

1. 播放音频资料，启发幼儿模仿声音和动作，感受二分音符、四分音符和八分音符的时值。
2. 引导幼儿即兴创编语言对话，培养幼儿创编节奏的能力。
3. 组织幼儿进行多声部节奏组合练习，体验多声部节奏。
4. 为幼儿即兴创编的对话加上乐器伴奏，让幼儿进行集体表演。

【教学过程】

1. 播放音频资料，启发幼儿模仿声音和动作，感受二分音符、四分音符和八分音符的时值。

●先播放动物的音频，让幼儿通过听来模仿他们的声音和动作，让幼儿初步感受二分音符、四分音符、八分音符的时值。整理幼儿收集到的声音，如小羊咩咩的叫声、青蛙呱呱的叫声等。

●幼儿用不同方式表现声音的节奏，比一比谁表现得多。

小贴士： *在活动中，幼儿的表现可以不用局限于对动物叫声的模仿，也可以让幼儿用肢体动作等多种形式表现，启发幼儿的想象力和创造力。*

●收集幼儿的声音和动作，教师要引导幼儿将发出的声音形成一定的节奏感。

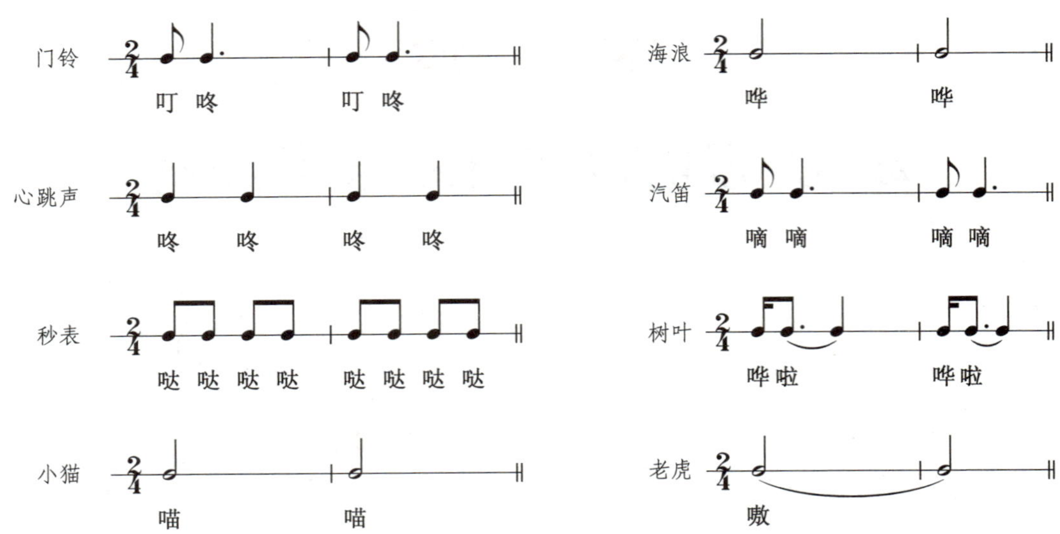

●幼儿通过收集自己熟悉的声音或动作，并按节奏模仿出来，进一步掌握二分音符、四分音符、八分音符的时值。

●以教师问幼儿答的方式进行单声部节奏朗读练习。多次练习，使幼儿掌握稳定的节奏。

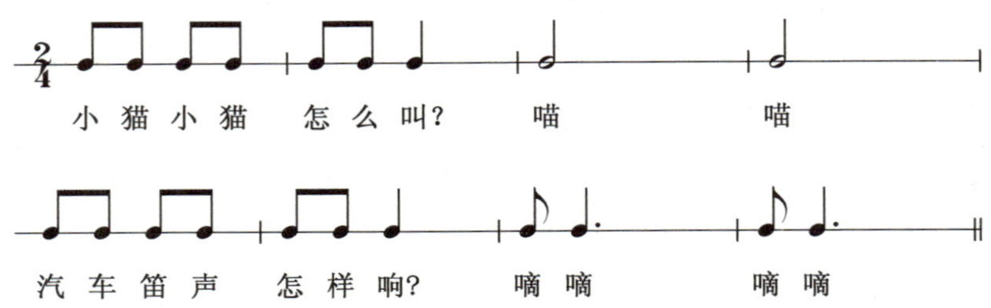

2. 引导幼儿即兴创编语言对话，培养幼儿创编节奏的能力。

●即兴创编。启发幼儿用二分音符、四分音符、八分音符的语言节奏对话，教师可以设定主题，由幼儿分为两组一问一答，进行角色扮演。如：

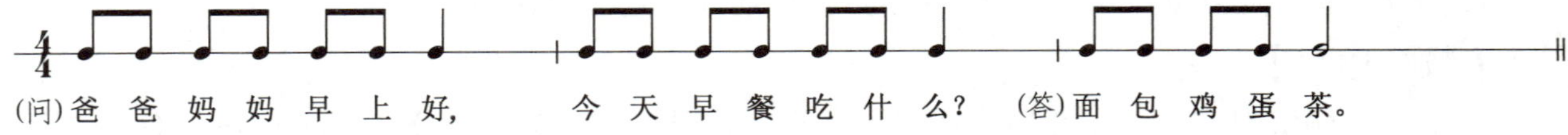

小贴士：此环节教师要引导幼儿发挥想象，创编自己的语言对话。尤其是角色扮演，教师可以先设定人物关系，再启发幼儿设计出符合人物关系的对话。在表演中还可以附加符合人物关系的语气、肢体动作，以激发幼儿的学习兴趣。

3. 组织幼儿进行多声部节奏组合练习，体验多声部节奏。

●多声部节奏组合练习。将幼儿分成A、B、C三组，在幼儿创编的对话中挑选出最出色的部分，进行二声部、三声部的节奏组合练习。教师指挥，先进行A、B两组的合说练习，再进行A、B、C三组的合说练习。

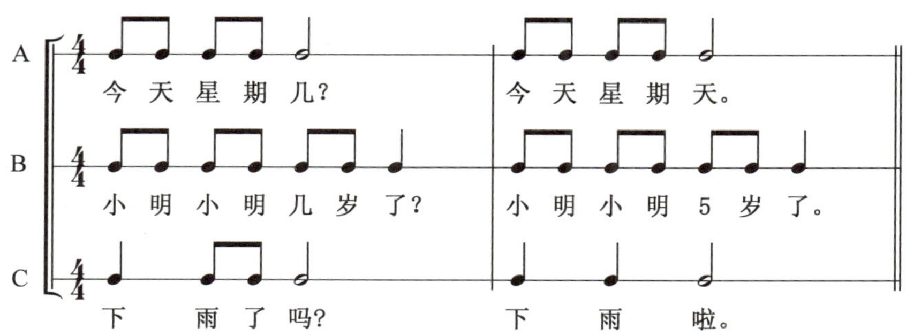

小贴士：教师提示幼儿，由于每组的语言内容及节奏都有相同之处，因此各声部的音量一定要控制好，不要喊叫着说，重点在于吐字清晰、节奏对位清楚。教师也要引导教育幼儿，在日常交往中也要注意语气、音调和礼貌用语的正确运用。

●教师也可以三组任意组合，加入强弱、快慢等音乐要素，增加练习的难度。

4. 为幼儿即兴创编的对话加上乐器伴奏，让幼儿进行集体表演。

●运用奥尔夫乐器尝试演奏二分音符、四分音符、八分音符的时值。如用三角铁演奏二分音符，用手鼓演奏四分音符，用响棒演奏八分音符。为幼儿即兴创编的对话加上乐器伴奏，让幼儿进行集体表演。

（本课例教学构思来源于中国奥尔夫音乐协会奥尔夫师资培训班）

课例15　打　老　虎

【教学目标】

1. 感受语言节奏训练带来的趣味性，体验与同伴、教师共同游戏的乐趣。

2. 尝试稳定地打四二拍子，感知四分音符与八分音符的节奏组合。

3. 掌握四分音符、八分音符及四分休止符的时值。

【教学准备】

无。

打老虎

【适合年龄】

3—4岁。

【教学思路】

1. 运用语言诵读及身体打击乐，初步感知四分音符、八分音符及四分休止符的节奏组合。

2. 通过改变音乐表现手段及音乐游戏对幼儿进行节奏训练。

【教学过程】

1. 运用语言诵读及身体打击乐，初步感知四分音符、八分音符及四分休止符的节奏组合。

●请幼儿与教师面对面坐成两排，教师用简单声势拍打节奏，幼儿聆听并进行模仿。

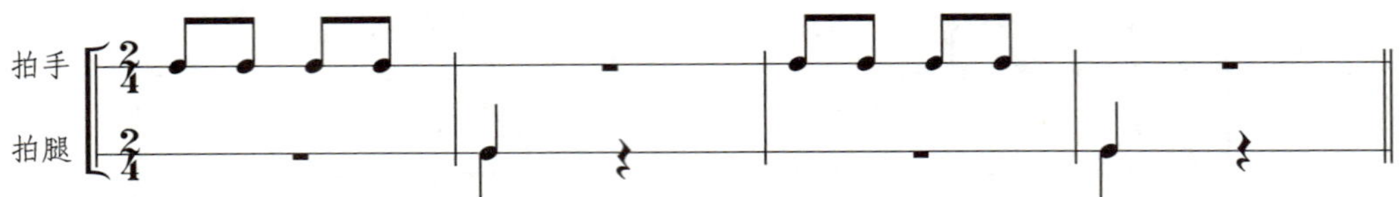

小贴士：上面的这个节奏是童谣《打老虎》的基本节奏型，由八分音符、四分音符及四分休止符节奏组成，教师要带领幼儿着重练习，强化幼儿心中匀速的节奏感。

●教师诵读童谣，请幼儿仔细听童谣内容。

打　老　虎

民间童谣

●请幼儿说出童谣里有什么。可放慢速度多诵读几次，直到幼儿能准确地说出来。

●请幼儿跟教师一起诵读童谣，并用稳定的节奏拍打 $\frac{2}{4}$ 拍的固定节奏。（每小节拍两次手。）

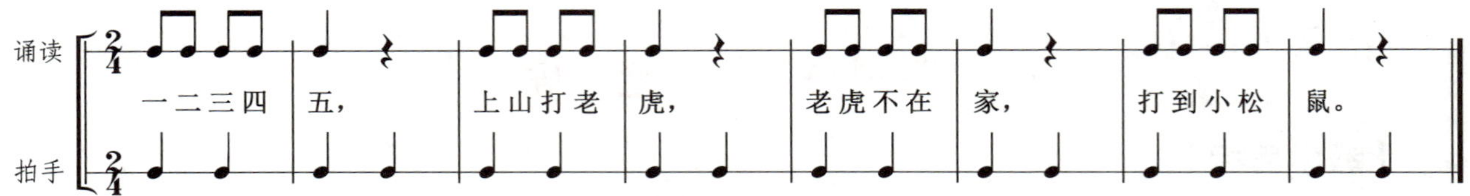

小贴士：这个环节要求幼儿拍打稳定拍而不是字拍，教师要用匀速的拍率拍打，不可过快，要在诵读中强化幼儿的拍率感。

●请幼儿边诵读童谣边拍打节奏。

小贴士：幼儿不易掌握休止符，会出现忽快忽慢的现象。教师要鼓励幼儿在休止时用一些象声词来代替，如用打枪的声音“啪”来代替，幼儿会觉得十分有趣，并且易于掌握。

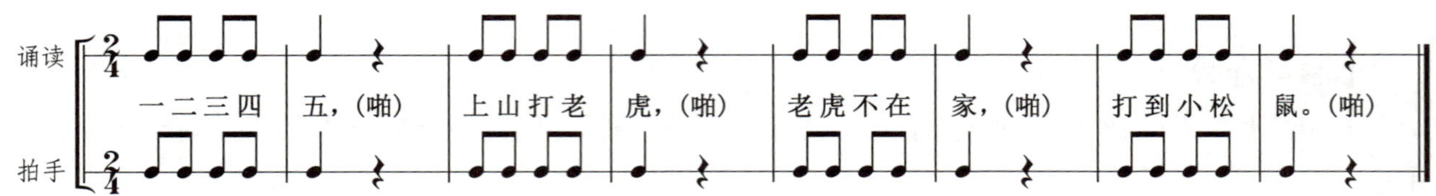

2. 通过改变音乐表现手段及音乐游戏对幼儿进行节奏训练。

●教师用手势指挥，幼儿诵读童谣，对童谣进行即兴的变化速度与力度的训练。熟练后，可请幼儿上台指挥，如力度变化训练。

小贴士：这一环节是运用音乐表现手段的改变来进行训练。教师要通过手势的变化，让幼儿在枯燥的语言节奏诵读练习中找到乐趣，教师可自由变化力度及手势动作。

●教师与幼儿用声势进行“节奏问答”，熟练后互换。四分音符拍手，八分音符拍腿。如教师诵读八分音符，幼儿诵读四分音符和空拍。

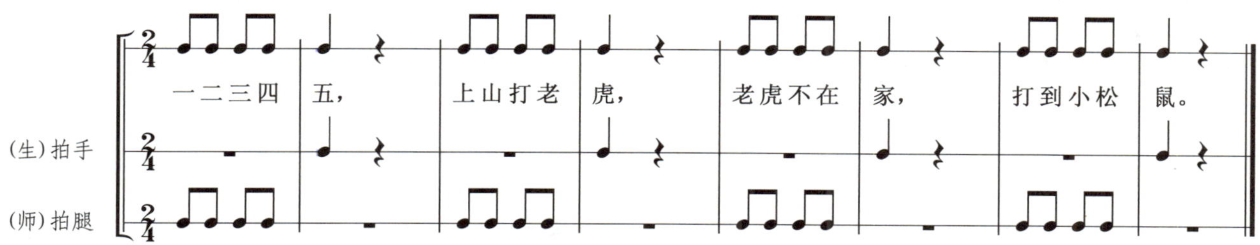

小贴士：教师在开始时，一定要慢，要稳定节拍，幼儿在诵读的时候要跟随教师的速度保持节拍的稳定。教师也可以根据幼儿的具体接受状态改编声势动作。

●请幼儿为这首童谣创编动作，边诵读童谣边进行表演。

如：一二三四五；（像猎人一样大步向前走）

上山打老虎；（打枪瞄准姿势）

老虎不在家；（双手打开左右摆动，表示不在家）

打到小松鼠。（双手叠加在胸前，蹦蹦跳跳，表现小松鼠的模样）

●请幼儿两两合作，扮演猎人与松鼠，边诵读童谣边进行表演。

课例16　小　老　鼠

【教学目标】

1. 大胆体验角色扮演的快乐。
2. 运用动作表现小老鼠这首儿歌。
3. 了解老鼠的特点及生活习性，学习儿歌，感受儿歌的韵律。

【教学准备】

玩具老鼠一只；灯台；乐器响板。

【适合年龄】

3—4岁。

【教学思路】

1. 故事导入。
2. 教唱儿歌。
3. 乐器介绍。

小老鼠

【教学过程】

小 老 鼠

佚 名曲

1. 故事导入。

●教师与幼儿边拍手边相互问好。

小贴士：一边问好一边手打基本拍。

●教师逐一向每个幼儿问好。在最后一小节“耶”字上教师和幼儿可以双手击掌。

小贴士：教师要面带微笑，亲切地向幼儿问好。

●教师出示玩具老鼠，给幼儿讲解《小老鼠上灯台》的故事，与幼儿讨论故事情节。

指导语：“小朋友们，你们见过小老鼠吗？小老鼠是怎样走路的？小老鼠最爱吃什么？今天，老师给大家讲一个关于小老鼠的故事。”

指导语：“有一只小老鼠，特别爱吃油灯里的灯油，可是油灯旁总有小花猫把守着，每次都偷吃不成。这天，小老鼠发现油灯下的小花猫不见了。它急忙爬上灯台偷油吃，小老鼠的肚子越吃越大，越吃越大，它怎么也不能从灯台上下来了。忽然小老鼠听到了‘喵喵喵’的声音，不好了，猫来了，小老鼠吓得叽里咕噜地从灯台上滚了下来。”

小贴士：在讲解《小老鼠偷油吃》的故事基础上可以拓展一些关于小老鼠生活习性的知识。教师也可以同幼儿讨论“小老鼠的行为对吗？”引出要诚实勤劳、劳动创造快乐等教育内容。3—4岁幼儿注意力集中时间短，可用生动趣味的动作吸引幼儿的注意力。

2. 教唱儿歌。

●教师示范儿歌并教唱，幼儿感受儿歌的旋律和歌词内容。

小贴士：先带领幼儿读懂歌词再给幼儿完整示范，最后再一句一句地教幼儿演唱歌曲。

●讲解节奏。

3. 乐器介绍。

●教师出示并分发乐器，幼儿尝试演奏响板。

指导语："今天，老师带来了一种乐器，请小朋友们探索它能发出怎样的声音，并给它起个好听的名字"。

小贴士：介绍打击乐器之前要让幼儿先探索乐器不同的打法会发出不同的声音。不要直接告诉幼儿乐器的名称和常用打法。

●介绍乐器的名称与常用的使用方法，教师示范演奏响板（图16–1）。

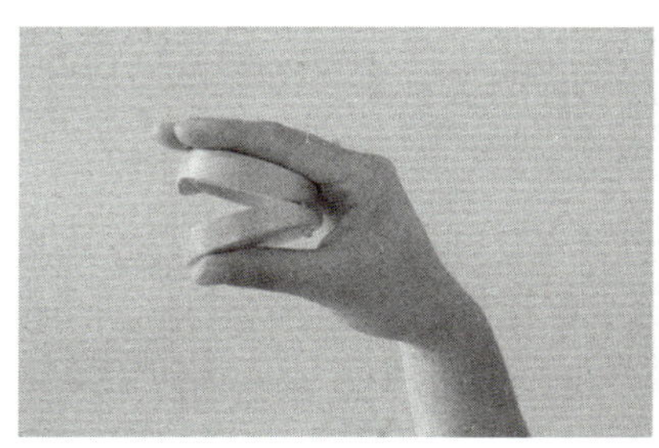
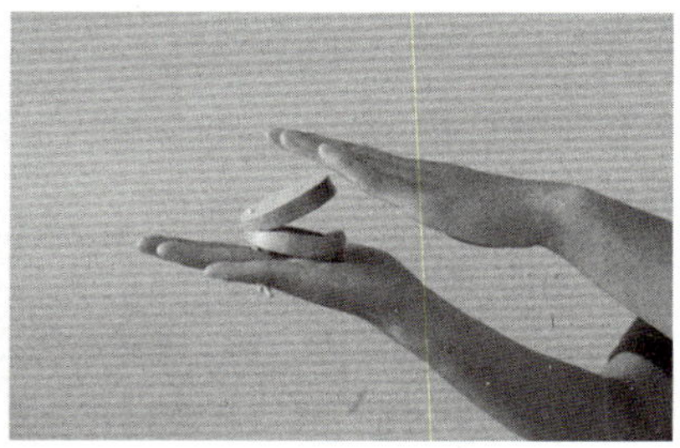

图16–1　响板使用方法

小贴士：响板属于木质类乐器，无固定音高。演奏时将两片响板像贝壳一样相对着挂在拇指上，用其他四个手指轮流弹击其中一片响板，使之叩击在另一片上发声。响板音色清脆透亮，不仅可以直接为歌舞打出简单的节拍，而且可以奏出各种复杂而奇妙的节奏花样，别有一番特色（图16–2）。

图16–2　响板

●用乐器为歌曲伴奏——手打乐器，口说儿歌。（口说什么节奏，手就打什么节奏。）

指导语："响板的声音真好听，我们一起用响板为音乐伴奏，看看谁伴奏得最棒！"

小贴士：关于"响板"的起源众说纷纭，但是传统上我们认为"crusmata ibérica"(如今的西班牙)是它真正的发源地,当时的"响板"由两块小木块或两块海贝壳或两块扁平的石头组成，被街头的舞者和音乐家放在手指间和手掌中用于敲打伴奏。与其他西方国家不同，crusmata ibérica地区的"响板"用一根棉绳从两片上端的小洞中穿过，把两块连接起来敲击演奏，这就是如今西班牙"响板"的雏形。随着时间的推移，为了能更好地诠释舞者或音乐家的需要，西班牙的"响板"一直在进行自身的变革，我们不难想象，从最原始的"响板"发展到现在的样子，当时的乡村舞者为了让它伴奏方便且声音悦耳，不停寻找更好的技术与质料。

课例17　我的朋友在哪里

【教学目标】

1. 大胆尝试歌唱表演，勇于扮演自己喜欢的角色。
2. 通过角色扮演，理解音乐内容。
3. 能快速边念歌词边做动作；学唱歌曲，并随歌曲进行表演。

【教学准备】

音乐播放器；音乐《我的朋友在哪里》。

我的朋友在哪里

【适合年龄】

5—6岁。

【教学思路】

1. 讲解歌词。

2. 教唱歌曲。

3. 歌曲变速游戏。

4. 带领幼儿完整演唱歌曲。

【教学过程】

我的朋友在哪里

佚　名曲
郭瑶改编

1. 讲解歌词。

●和幼儿讨论他们的朋友。

指导语："小朋友们，你们都有自己的朋友吧？你们的朋友都在哪里？他们都是谁？"

●教师慢速示范歌词。

指导语："请小朋友们听一听，老师的朋友在哪里？"

小贴士：此课例在教学中要注意引导幼儿如何与朋友相处，让幼儿了解朋友在我们生活中的重要性。

●教师带领幼儿念歌词，同时手打基本拍。

指导语："刚才你们听到老师的朋友都在哪里啊？我们一起来说。"

●教师给幼儿一个稍快一些的速度，加速念歌词，同时拍手打基本拍。

指导语："小朋友们念得真棒，接下来我们把速度变快，看看哪个小朋友能跟上老师的速度。"

小贴士：教师在教学中改变速度但不改变节奏。

●激励幼儿用更快的速度念歌词并拍手打基本拍。

●告诉幼儿用“更快的速度，像飞机的速度一样”来念，让幼儿体会速度的变化。

小贴士：幼儿在用较快的速度朗读儿歌时会表现得很兴奋，平时比较活跃的幼儿会有兴奋过度的现象出现，教师不要指责，这是幼儿参与音乐游戏，进入角色的表现，适度引导便可。

2. 教唱歌曲。

●教师范唱。

小贴士：教师范唱时尽量选择清唱，钢琴的伴奏会让幼儿把注意力集中在钢琴的声音上。

●教唱歌曲第一段。

●学习第二段歌词。

指导语：“老师朗读第二段歌词，小朋友们听听，我的好朋友在哪里？在做什么？”

●教师范唱第二段。

●幼儿跟随教师学唱第二段。

指导语：“老师的朋友就在这里，就是你们，朋友们在一起唱歌跳舞非常甜蜜。”

●引导幼儿创编动作，进一步理解动作。

小贴士：5—6岁幼儿创编动作的能力不强，建议教师唱一句，幼儿创编一个动作。

●教师边唱边带领幼儿把创编的动作完整地做一遍。

3. 歌曲变速游戏。

●教师不断加快歌唱速度，让幼儿跟着做动作。

小贴士：教师唱四遍，逐步加快速度，但前提是要让幼儿通过努力，能跟上教师的速度。

●第五遍教师飞快地唱，幼儿飞快地做动作。然后，让幼儿轻松一下，体会速度的变化。

4. 带领幼儿完整演唱歌曲。

●幼儿随教师一起演唱。

指导语：“小朋友们，你们想认识更多的朋友吗？那我们通过这首歌就可以认识更多的小朋友！”

●音乐响起，教师与幼儿边唱边跳，完整地唱出歌曲，进一步感受歌曲欢快、轻松的旋律。

【音乐建议】

《我的朋友在哪里》。

课例18 粉 刷 匠

【教学目标】

1. 在音乐律动中愉快地进入音乐氛围。

2. 通过声势、乐器练习，感受《粉刷匠》这首儿歌的歌词节奏。

3. 乐于参与音乐表演，感受音乐的愉悦情绪。

【教学准备】

1. 乐曲：《粉刷匠》《律动音乐》。

2. 乐器：节奏棒。

3. 旧报纸做的刷子；画好的粉刷图片；彩色贴纸。

【适合年龄】

3—4岁。

【教学思路】

1. 音乐问候与音乐聆听游戏。

2. 猜谜语导入。

3. 聆听《粉刷匠》伴奏音乐并配简单律动动作。

4. 念儿歌，拍节奏。

5. 音乐节奏快车。

【教学过程】

1. 音乐问候与音乐聆听游戏。

●教师和幼儿拍手互相用音乐问候。

1 2 3 4 | 5 － | 5 4 3 2 | 1 － ‖
(教师)小 朋 友 们 好， 小 朋 友 们 好。

1 2 3 4 | 5 － | 5 4 3 2 | 1 － ‖
(幼儿)老 师 您 好， 老 师 您 好。

小贴士：教师要面带微笑，亲切地向幼儿问好。

●教师依次用强弱不同的声音叫幼儿的名字，请幼儿用动作或声音作出回应。

指导语：“小朋友们，当老师问贝贝贝贝在哪里？贝贝就要回答，贝贝贝贝在这里。”

小贴士：幼儿站起来边说节奏边指向自己，建议不用“哎”“到”“这儿”等话回应。

2. 猜谜语导入。

●教师说出一段关于手的谜语。

指导语：“小朋友们喜欢猜谜语吗？我说你们猜一猜，仔细听好了‘两棵树，十个叉，不长叶，不开花，吃饭劳动全靠它’。”

小贴士：教师可以边做动作边说，给幼儿以提示。教师应用有韵律的节奏朗诵谜语。

●教师引导幼儿说说能干的小手。

指导语："说说你们的小手都能干什么？"

小贴士：教师引导幼儿大胆表达，可以说出拍手、扫地、洗衣服、刷牙、洗脸、粉刷等。

●教师引导幼儿想一想粉刷的时候小手怎么做。

指导语："小朋友们真聪明，说出了这么多，那我们一起想一想粉刷的时候小手是怎么做的？"

小贴士：引导幼儿做出粉刷墙壁的动作。

3. 聆听《粉刷匠》伴奏音乐并配简单的律动动作。

●教师伴随着音乐做律动动作，幼儿跟着学习。

指导语："老师的手真灵巧，喜欢跟着音乐跳。小朋友们认真听，认真看，老师的手是怎么跟着音乐跳舞的？一会儿老师请你们的小手也跟着音乐一起跳舞。"

小贴士：配班教师放音乐，主班教师手有节奏地做动作，教师做一遍之后，请幼儿一起跟音乐模仿教师手的动作。在这个过程中，教师要鼓励、表扬幼儿的表现。

●手的律动如下。

第一个乐句：胸前拍手。

第二个乐句：手臂前平举，手指张开，左右晃手。

第三个乐句：手臂前平举，双手交替上下做刷墙动作。

第四个乐句：伸出食指，双手分别交替点自己的鼻子。

小贴士：3—4岁幼儿的思维以直觉行动思维为主，并开始向具体形象思维过渡。教师可引导幼儿结合"粉刷"场景随音乐模仿刷墙动作。

4. 念儿歌，拍节奏。

指导语："小朋友们，老师刚才粉刷墙壁的动作可以用一首动听的儿歌来表现，你们仔细听。"（边念歌词边拍节奏。）

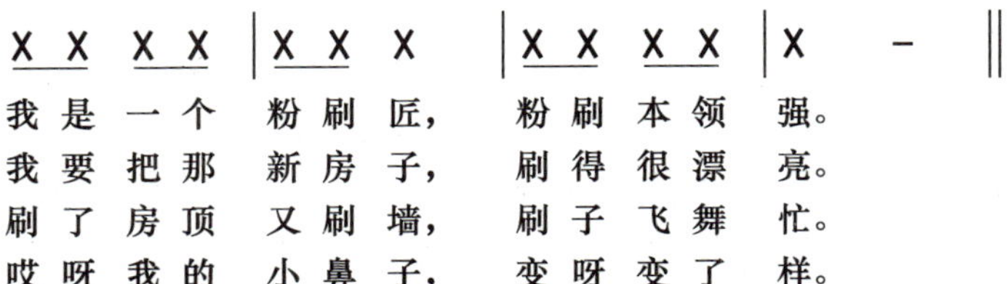

小贴士： 教师说一句，幼儿模仿说一句（边念儿歌边拍节奏），之后播放音乐，教师和幼儿拍手跟唱歌词。

5. 音乐节奏快车。

●声音配合动作节奏。

指导语："小朋友们，看看老师粉刷房子的动作，请你们给我的刷子配上声音。我们先看看 × 老师（配班）是怎么给老师的刷子配声音的。"

小贴士： 教师用旧报纸折成的刷子在墙壁上做粉刷的动作，刷得长时，配上"唰—"的节奏；刷得短时，配上"唰"的节奏。

●总的节奏型如下。

X X X X | X X X | X X X X | X – ‖
唰 唰 唰 唰 唰 唰 唰 唰 唰 唰 唰 唰 –

小贴士： 练习"唰"后，还可以配合乐器的声音来练习。教师在课程最后可以引导幼儿去思考和体会各行各业劳动者的辛苦与快乐，以及劳动带来的成就感，从而培养幼儿爱劳动的美德。

理论链接

语言在奥尔夫音乐教学中的运用

语言在奥尔夫音乐教学中的运用主要表现在以下几个方面。

1. 通过语言中的字词学习节奏

众所周知，在奥尔夫音乐教学中，节奏是所有音乐学习内容的基础之基础。固然，让学生在音乐学习的过程中直接用"嗒、嗒、嗒"的传统方式可以学会很多节奏型，但是却存在效率比较低、枯燥无味的问题。在学习音乐的初期，关键是建立学生对不同节奏型的感知。奥尔夫认为，在学习音乐的初期，学生通过已掌握母语中的字词来学习节奏是很有效的方法。教师可以在教一个节奏型的时候，找出学生平时的语言习惯中相应节奏型的字词，如此就可以快速地让学生感知教师想要教的节奏型。例如，教师想教X X X这个节奏型，可以让学生用"西 红 柿　西 红 柿"这个名词进行感受，这样学生在说"西红柿"的同时就能立即建立对该节奏的感性体验，并能快速感知该节奏型。

2. 通过语言学习音乐的表现方式

由于人在语言表达的过程中总是会带有相应的情绪，所以同一句话由于所带的情绪不同，就会有强弱、快慢、高低等不同的表达方式。语言的该特点与音乐的表达方式具有很高的相似度。因此，教师完全可以让学生探索不同的语言表达可能性，学习感知音乐在强弱、断连、高低、快慢、长短等方面的丰富的表达方式。

3. 通过语言学习音乐的结构

任何艺术作品的结构都是由几个或一系列的个别部分、大小段落组成的。这些部分、段落由总的内容发展统一联系，与整体不可分割，但又具有一定的独立性和完整性。小说、诗歌中的章、节、段落，戏剧中的幕、场，绘画中的局部构图等都是如此。音乐作品也是这样，总是根据艺术整体的构思分成个别部分、段落，在音乐发展的过程中，乐思（首先是通过主题来表达）得到展开，或出现矛盾对比冲突，使听众获得总的印象，并引起他们感情上的反应。教师可以根据该思路，将一个简单的语言作品作为媒介，来理解音乐的结构性特点，并根据音乐的单二部曲式、带再现的单三部曲式或回旋曲式等几种典型曲式结构对语言作品进行改编和创作，让学生在学习音乐的初期就能建立起音乐的结构意识，并能提高学生的音乐欣赏水平，养成对音乐的思维习惯。

4. 通过语言学习音乐的织体

织体是指音乐作品中各声部层在节奏、音型、华彩乐段（cadenza）等方面的纵横组合。音乐的织体分为主调音乐织体和复调音乐织体两类。通过语言学习织体的不同形式，可以帮助学生在学习音乐的初期就能体会到音乐的纵向听觉效果。学生通过语言理解音乐的织体有以下两种方式可以借鉴：第一，用声势、嗓音或音条乐器为语言作品伴奏，声势、嗓音或音条乐器可以是一个由几种音色组成的固定音型，也可以是由几种乐器组成的多个固定音型。第二，以卡农的形式演绎一个语言作品。

综合讨论

1. 请根据以上课例，总结语言教学在音乐教学中的方法，以及除此之外还能运用哪些教学方法。

2. 请用自己的话概括朗读在节奏教学中的意义。

3. 你认为方言是否也可以作为节奏教学的素材？

赛证融通

拓展练习

1. 请根据《土豆》这首儿歌，设计一个3—4岁幼儿的互动游戏，并写出教案。

土　豆

$\frac{2}{4}$

土豆土豆 丝儿 丝儿，土豆土豆 皮儿 皮儿，土豆 丝儿 土豆 皮儿，土豆 丝儿 皮儿。

2. 请尝试以古诗《寻隐者不遇》为素材，设计一堂运用语言教学方法，适合于4—5岁幼儿学习的音乐课。

寻隐者不遇

贾　岛

松下问童子，

言师采药去，

只在此山中，

云深不知处。

3. 请尝试以儿歌《耳朵》为素材，设计一堂运用语言教学方法，适合于5—6岁幼儿学习的音乐课。

耳　　朵

谁的耳朵长，谁的耳朵短，谁的耳朵遮着脸？

驴的耳朵长，马的耳朵短，大象耳朵遮着脸。

谁的耳朵尖，谁的耳朵圆，谁的耳朵听得远？

猫的耳朵尖，熊的耳朵圆，狗的耳朵听得远。

4. 选择一个适合幼儿的绕口令，根据所选的绕口令制订相应的音乐教学目标。

第二节　歌唱训练

课例19　水　果　歌

【教学目标】

1. 乐于与同伴进行音乐游戏。

2. 感受稳定的节拍，尝试运用声势来表现二分音符、四分音符及八分音符的时值。

3. 学习演唱歌曲，并能在演唱中感受休止。

【教学准备】

水果图片，钢琴；音乐播放器。

水果歌

【适合年龄】

4—5岁。

【教学思路】

1. 语言活动：师幼进行语言交流，幼儿按照顺序排列水果图片。

2. 歌唱学习：学唱歌曲，并加入声势，请幼儿逐一拿走图片进行休止练习。

3. 创编活动：请幼儿为水果创编律动，并用两种形式进行演唱。

【教学过程】

水 果 歌

李 静词曲

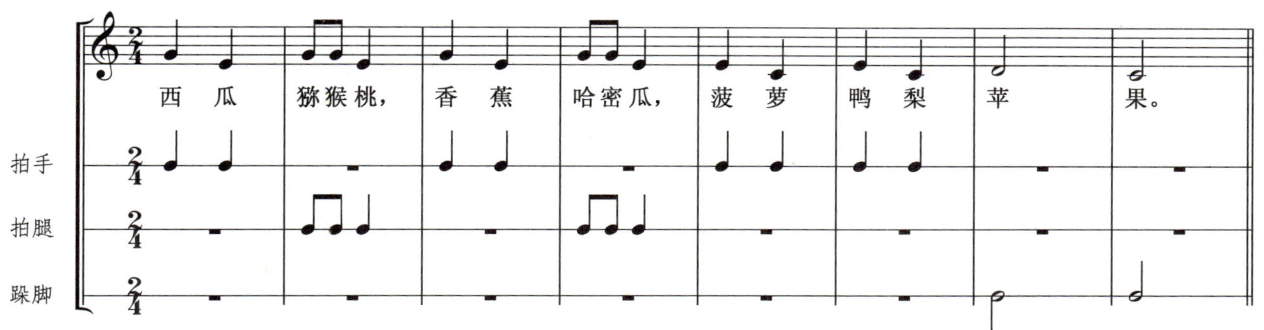

1. 语言活动。

●教师请幼儿围半圆坐成两排，教师与幼儿进行语言交流，请幼儿说出他们爱吃的水果名称。

●逐一展示图片，教师和幼儿一起有节奏地说出水果名称。

●请一个幼儿上台，把教师刚才说出的水果，按照顺序排列出来（图19–1）。

图19–1 水果

●教师带领幼儿有节奏地说出排列好的水果名称，并用声势表现出来。

小贴士：声势训练是培养幼儿节奏感、听辨能力、反应能力及创造能力的一种非常好的方法。教师要用稳定的节奏带领幼儿进行声势模仿，并提醒幼儿要注意保持节奏稳定，以保证下面休止环节的流畅进行。

2. 歌唱学习。

●教师示范歌曲。

●幼儿随钢琴伴奏轻声演唱歌曲。

●教师在演唱中加入声势，幼儿进行模仿。

●请一个幼儿把自己喜欢吃的一种水果图片拿走，如图19–2所示。

图19–2 休止练习1

●“西瓜”图片被拿走，西瓜的旋律不唱，只做声势。

小贴士：去掉歌词是为了让幼儿感受休止，体验稳定的拍率。这种休止的练习可以训练幼儿心中匀速的拍率感。教师要用眼神给予幼儿开始的示意动作，并用声势动作稳定节奏。

●再请一个幼儿把自己喜欢的水果图片拿走，如图19-3所示。

图19-3　休止练习2

●“哈密瓜”图片被拿走，西瓜、哈密瓜的旋律不唱，只做声势。

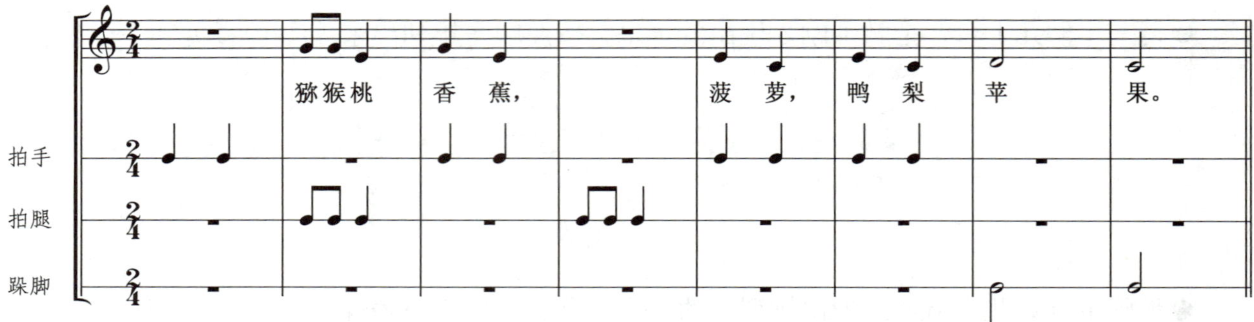

●再请一个幼儿把自己喜欢的水果图片拿走。

●“鸭梨”图片被拿走。西瓜、哈密瓜、鸭梨的旋律不唱，只做声势，如图19-4所示。

图19-4　休止练习3

●同上，分别请幼儿把自己爱吃的水果图片拿走，直至白板上的图片全部拿走。（只做声势，不唱歌词。）

3. 创编活动。

●请幼儿为水果创编律动，提示幼儿要用不同的动作进行表现。

西瓜：可以用啃西瓜的动作表现。

猕猴桃：可以用猴子眺望的动作表现。

香蕉：可以用一层一层剥香蕉皮的动作表现。

小贴士：创编律动是非常重要的环节。教师在整个过程中不是教动作，而是充分引导、启发幼儿大胆创编动作，要有新意，不可重复。这些动作都来源于日常生活，来源于幼儿感官所能触及的事物。创编只有在一定的经验积累的基础上才能进行，在创编的同时，观察、模仿他人的动作，是幼儿最主要的学习方式。

●教师从幼儿创编的动作中各选出一个做示范演唱。

●幼儿跟教师一起，一边唱歌词一边表演动作。可进行多次练习。

●用三种形式表现这首歌曲。

☆边唱歌词边做律动。

☆边哼鸣边做律动。

☆只做律动。

小贴士：用哼鸣来代替歌词，启发幼儿哼鸣的同时思考动作。当幼儿遗忘时，教师要用动作和眼神提醒幼儿注意拍子的稳定。

●跟随钢琴伴奏一起表演。

●教师请每两个幼儿组成一组进行表演唱。

（本课例教学构思来源于中国奥尔夫音乐协会奥尔夫师资培训班）

课例20　我的好妈妈

【教学目标】

1. 乐于创编动作，敢于在众人面前表演自己创编的作品。
2. 初步掌握两种节奏型。
3. 了解教师的动作与歌曲节奏的关系。
4. 学会关爱妈妈、关爱身边的人。

【教学准备】

小花猫头饰；节奏卡片；音乐《我的好妈妈》。

【适合年龄】

4—5岁。

【教学思路】

我的好妈妈

1. 故事导入，引出音乐主题。

2. 教唱歌曲。

3. 讲解两种节奏型。

4. 歌曲表演。

【教学过程】

我的好妈妈

潘振声词曲

1. 故事导入，引出音乐主题。

●教师头戴小花猫的头饰，让儿童辨认这是哪种动物。幼儿在教师提问的引导下，逐渐对歌曲内容产生兴趣。

指导语："小朋友们，你们看，这是谁来了？"

●听教师讲故事，讨论爸爸妈妈去上班我们该怎么做，爸爸妈妈下班回到家我们该怎么做？

指导语："有一只小花猫，他是妈妈的小尾巴，妈妈上班他要去，爸爸上班，他也要去。小朋友们，你们说这样好不好？"

指导语："小朋友们，你们的爸爸妈妈准备去上班时，你们是怎么做的？爸爸妈妈为什么去上班？爸爸妈妈上班的时候我们去哪儿？"

指导语："我们要去幼儿园，如果爸爸把你从幼儿园接到家，妈妈随后也进了家门，我们该怎么做？"

小贴士：教师在提问的时候不要有暗示性的口吻，要让幼儿根据自己的经验和理解做出判断，同时教师对幼儿的回答尽量不要否定。幼儿的想象力非常丰富，不要把答案唯一化。教师提出参考答案就好。

2. 教唱歌曲。

●听教师示范歌曲，感受歌曲的内容和曲调，并鼓励幼儿跟唱后半段歌词。

小贴士：教师在教唱歌曲之前要先带领幼儿读歌词，让幼儿读准歌词的每个字，不要着急加旋律，这样对幼儿语言能力的训练及专注力等方面的培养都有一定的帮助。

●教师示范歌曲，儿童随着旋律打拍子，进一步理解歌词的含义。

指导语：“歌里的小朋友是怎么做的？大家是怎么评价他的？”

小贴士：尽量引导幼儿用原歌词回答教师的问题。

●教师示范歌曲，引导幼儿创编动作表现歌词的内容。

●教师和幼儿用接唱的方式做歌唱接龙游戏，教师唱上一句，幼儿唱下一句。

小贴士：接唱可以有很多种方式，例如，教师唱第一段，幼儿唱第二段。还可以男生唱前一句，女生唱后一句等。

3. 讲解两种节奏型。

●在教师的引导下，区分两处“妈妈妈妈”的节奏型。

●幼儿边看教师示范边区别两处“妈妈妈妈”节奏的差异。

小贴士：4—5岁幼儿已有简单生活经验，可结合“妈妈下班”场景，模仿端茶、捶背动作练习节奏型。教师出示两张节奏谱，引导幼儿对比异同。

●在教师的指导下，结合动作明确两次“妈妈妈妈”的不同节奏。

指导语：“小朋友们，你们知道在哪儿唱得快在哪儿唱得慢吗？”

小贴士：动作与歌唱相结合——借助动作感受节奏变化。

4. 歌曲表演。

●幼儿完整地演唱歌曲，在教师的带领下表演歌曲。

●欣赏教师演唱。

指导语：“我们在表达一件非常开心的事，小朋友们要怀着对妈妈的爱进行演唱。”

●幼儿在教师的指导下完整地、有表情地演唱歌曲。

●创编歌词。

指导语：“小朋友们，我们不仅爱妈妈，还爱爸爸及所有的家人还有朋友，刚才我们是把歌曲送给妈妈，现在请小朋友们创编歌词，把歌曲送给你爱的人。”

课例21　咏　鹅

【教学目标】

1. 勇于与同伴一起参与音乐活动，体验歌曲的情境。

2. 迁移生活经验，并探索用动作表现歌曲内容。

3. 学习用不同的方式来演唱和表现《咏鹅》。

【教学准备】

鹅游泳的图片或视频；鹅的头饰；古诗朗读录音；音乐播放机。

【适合年龄】

4—5岁。

【教学思路】

1. 带领幼儿欣赏鹅游泳的图片或视频。

2. 教幼儿按节奏有感情地朗读诗歌。

3. 教师范唱，幼儿边听边打节拍。

4. 户外游戏:《狐狸来了》。

咏 鹅

【教学过程】

咏 鹅

骆宾王词
佚 名曲

1. 带领幼儿欣赏鹅游泳的图片或视频。

指导语：“小朋友们，你们看这是什么动物啊？它都有什么本领？你们都在哪里看到过它？”

小贴士：这首诗是唐代诗人骆宾王7岁时所作。它让我们体会到了童心、童趣和纯洁的心灵。本作品采用五声调式，傣族风格的曲调，辅以锣鼓配器，表现孩子眼中鹅的可爱姿态。

●教师以讲故事的形式边说诗歌边做动作，让幼儿创编动作，初步用动作表现故事的内容。

指导语：“水中有一只大鹅，弯曲着脖子对天唱歌。一身雪白的羽毛浮于绿水之上，红色的脚掌拨动着清澈的水波。”

小贴士：4—5岁幼儿想象力丰富，可通过模仿鹅“曲项”“拨水”的动作感受节奏。

2. 教幼儿按节奏有感情地朗读诗歌。

小贴士：教师首先完整地示范一遍，然后一句一句地教幼儿，也可以播放录音请幼儿跟读。

●幼儿边做动作边说诗歌。

3. 教师范唱，幼儿边听边打节拍。

小贴士：幼儿可以自愿跟随教师演唱，以培养幼儿的跟唱能力，教师不要强迫不跟唱的小朋友。

●进行诗歌表演——在教师的指导下，用歌声、动作表现鹅在水中游泳的情景。

●完整地进行诗歌表演，进一步体验与同伴游戏的快乐。

4. 户外游戏：《狐狸来了》。

●边唱边游戏。（教师扮演狐狸，幼儿扮演小鹅。）

指导语：“小鹅在游泳的时候，狐狸悄悄地走到小鹅身边，要偷鹅宝宝，唱到最后一句的时候，狐狸冲过来捉小鹅，鹅妈妈挡在小鹅的前面保护小鹅。”

小贴士：用老鹰捉小鸡的游戏玩狐狸抓小鹅。此游戏的主要目的是增强学习的趣味性和提高幼儿的兴趣。在游戏中，教师不要过于强调狐狸的角色特点，而是要正向引导。

【音乐建议】

《咏鹅》，朗读录音。

（本课例教学思路来源于北师大奥尔夫师资培训班）

课例22 鸭 子 上 桥

【教学目标】

1. 享受轻松、愉快的游戏氛围，体验变换歌词、玩唱歌曲的乐趣。
2. 借助图形谱理解并唱准歌词，在教师的动作提示下，感受数量递增和递减的关系。
3. 学习歌曲，初步认识附点节奏并感受小间奏的特点。

【教学准备】

画有“木桥”和8只鸭子的图片各一张。（要求小桥图片的长度和8只鸭子图片的长度相等。）

【适合年龄】

4—5岁。

【教学思路】

1. 理解歌词的含义。
2. 教唱歌曲。
3. 表演歌曲。
4. 幼儿跟随音乐演唱歌曲。

鸭子上桥

【教学过程】

鸭子上桥

凌启愈词
汪　玲曲

1. 理解歌词的含义。

●幼儿看图推测是谁来到了桥上（图22–1）。

指导语："小朋友们，你们猜猜，是谁从桥上过？你们看，它们来了"。

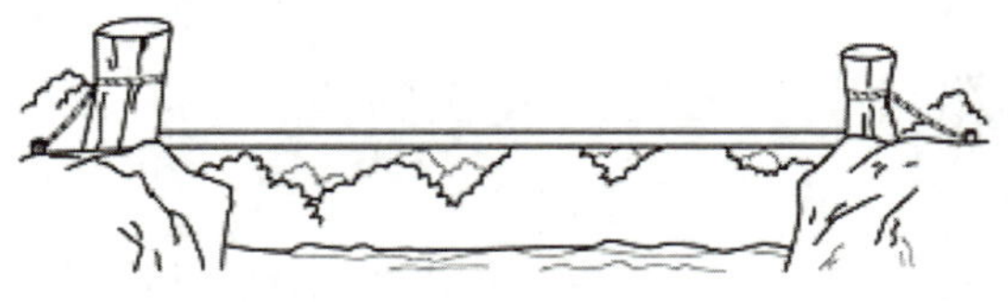

图22–1　桥

小贴士：歌词中的数存在顺数和倒数的问题，同时还有间奏及附点音符的出现，对于中班幼儿来说有一定的难度。我们采用图片帮助幼儿降低学习歌曲的难度，促进幼儿理解上桥和下桥的过程，帮助他们顺利解决倒数的问题。

●教师利用图片演示与歌唱的结合，引导幼儿理解歌曲内容（图22–2）。

小贴士：教师边唱边把剪成的八只鸭子的图片摆在小桥的右侧，唱一只就把一只鸭子移到小桥上，唱一只移一只。教师边操作图片边范唱歌曲，使桥上的鸭子数量和范唱的数字相等。

图 22-2 鸭子上桥

指导语："小朋友们，你们看到是谁在小桥上啊？他们是怎么上桥的？"

小贴士：幼儿觉得很有意思会畅所欲言，教师要想办法调节幼儿的情绪，以便课例顺利进行。

●幼儿根据教师的范唱推断出歌名。

指导语："小朋友们，你们刚才听见和看见了什么，你们猜猜这首歌叫什么名字？"

小贴士：幼儿说出的歌名，不一定和教师设定的歌名相同，教师尽量不要否定幼儿的回答，要给予幼儿充分的肯定和鼓励。

2. 教唱歌曲。

●幼儿借助图示进一步理解第一段歌词内容。

●教师指图提问："为什么鸭子之间的距离有近有远？"

小贴士：在图片中插入一定的情境，把抽象的音乐内容具体化。教师用惊讶的表情和动作帮助幼儿理解休止符，用一个"鸭蛋"表示附点，让幼儿在游戏中理解节奏。

●教师用一只手指羽毛、另一只手做"嘘"的动作，帮助幼儿理解小间奏的作用。

指导语："小朋友们，你们在图上还看到了什么？"

●教师手指"鸭蛋"，引导幼儿理解附点节奏。

指导语："小朋友们，你们看这又是什么？"

●幼儿在教师的引导下体验附点节奏的特点。

3. 表演歌曲。

●幼儿倾听教师范唱第二段歌词。

指导语："八只鸭子在桥上，小桥晃得厉害，小鸭子们在想什么？你们看，它们要做什么？"

小贴士：4—5 岁幼儿具体形象思维明显，教师可边范唱边把桥上的小鸭子向左一只一只移下来。

●幼儿尝试演唱第二段歌词。

小贴士：引导幼儿体会小鸭子是有秩序地上桥和下桥的，小朋友们也要养成在公共场所遵守秩序的好习惯。

4. 幼儿跟随音乐演唱歌曲。

●幼儿完整地演唱这首歌曲。

小贴士：教师可用一些表扬的语言激励幼儿演唱的积极性，让幼儿建立自信。

●教师在地上画出一座小桥，并选出八个小朋友扮演小鸭子，其他同学演唱，这八个小朋友表演小鸭子上桥和下桥。

小贴士：可以选择高个子的小朋友扮演时值长的音，矮个子的小朋友扮演时值短的音。扮演附点音符的小朋友手里拿一个小乒乓球。

课例23 请你跳舞

【教学目标】

1. 增强伙伴间的情感交流，培养团队协作意识。

2. 培养方位感、反应力、音乐表现力。

3. 学唱歌曲，通过歌唱、律动感知乐句的概念。

【教学准备】

钢琴；奥尔夫乐器。

【适合年龄】

5—6岁。

【教学思路】

1. 教唱歌曲。

2. 边唱歌边做律动，通过每一乐句不同的动作认知歌曲中的乐句。

3. 通过交换舞伴、变换队形等方式，反复唱歌、做律动，加强练习。

4. 加入奥尔夫乐器为歌曲伴奏。

5. 将幼儿分为歌唱组、伴奏组、律动组共同表演歌曲。

【教学过程】

请你跳舞

孟欣词曲

1. 教唱歌曲。

●教师导入课程：“今天我要教大家唱一首叫作《请你跳舞》的歌曲，从歌曲的名字看，我们今天不但要唱歌，还要做什么？”引导儿童说出：“我们还要跳舞”。

●教师范唱歌曲。

2. 边唱歌边做律动，通过每一乐句不同的动作认知歌曲中的乐句。

●边唱歌边做律动。

这首儿歌分为a、b两部分，a部分多为原地动作，b部分多为大运动动作，并在空间上产生很大变化。幼儿可通过不同类别的动作，感知歌曲的结构。

a部分请舞伴面对面站好，第一句在歌词“咚咚咚”处原地交替跺脚，第二句在歌词“啪啪啪”处与舞伴击掌，第三句根据歌词与舞伴手挽手向对面方向顺时针走一圈后回到原地，第四句舞伴相互行礼邀请。

b部分第一句手拉手，双脚交替向同一方向按十六分音符的速度跳动，第二句同样双脚交替反方向按十六分音符的速度跳动。

●教师先请一个幼儿一起示范动作，在歌曲结束后，两人分别邀请新的舞伴，重复演唱。多次重复，在游戏中学唱，直到大部分幼儿都能够初步掌握。

●请幼儿围成里外两个圆圈，且两个圆圈人数相同，里外圈的幼儿面对面站好，找到自己的舞伴。动作不变，但b部分第一句以外圈幼儿为准，顺时针舞蹈，第二句逆时针舞蹈。

小贴士：在这里强调小朋友之间协调配合的重要性，只有每个小朋友都认真努力，动作统一，才可能完美完成舞蹈。在舞蹈过程中要体会礼貌友好地去结识新朋友的快乐。

3. 通过交换舞伴、变换队形等方式，反复唱歌、做律动，加强练习。

方式一：a部分不变，b部分请里圈幼儿手拉手，顺时针舞蹈。外圈幼儿手拉手，反方向舞蹈。歌曲结束时，每个幼儿都换了一个新的舞伴，再重复活动。

方式二：请全体幼儿在教室里任意选择自己的位置站好。a部分幼儿边走边唱，在唱到每一句结尾处，分别找到一个舞伴重复跺脚、击掌、邀请的动作。在a部分结束时，找到最后一个舞伴，并同他（她）共同演唱b部分。

小贴士：在教学过程中，请注意幼儿可能在音乐活动中由于过于兴奋而忽略了歌曲演唱的准确性，如旋律、音准、节奏等音乐要素，也会出现音乐与律动协调不好的问题，这时需要教师及时纠正，保证活动的音乐性，在不断的练习中达到歌唱准确、律动协调。在歌曲和律动掌握良好的情况下，教师可以变换不同速度训练幼儿的反应力。

4. 加入奥尔夫乐器为歌曲伴奏。

为使活动更加多元化，可加入奥尔夫乐器为歌曲伴奏，谱例如下：

请你跳舞

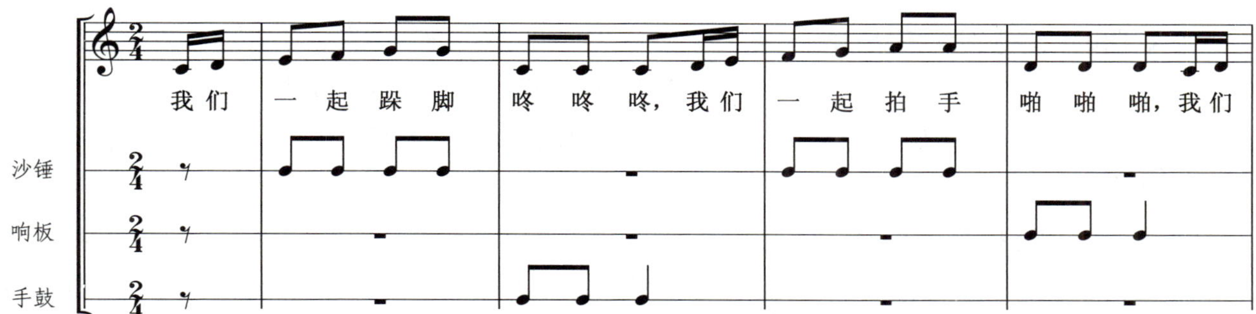

手 挽 手， 准 备 好 我 们 一 起 跳 舞 真 快 乐， la

la la la la la la la la la la la la la la la la la la la la la la la la

la la la la la la la la la la la la la la la la la la la la la la la

5. 将幼儿分为歌唱组、伴奏组、律动组共同表演歌曲。

小贴士：教师可根据幼儿的接受程度调整练习的时间，但要注意演唱、律动、伴奏的协调统一。

（本课例教学构思来源于中国奥尔夫音乐协会师资培训班）

理论链接

奥尔夫音乐教育中的歌唱教学

1. 歌曲的教学从听觉记忆开始

奥尔夫音乐教育中的歌唱教学不是从识谱开始，而是从听觉记忆开始。在歌唱的学习中，教师可以在游戏过程中不断地演唱，让学生在听熟的基础上学会演唱，也可以通过不同的模唱方式让学生学会一首歌曲。

2. 歌曲素材选择的多元化

不同的歌曲风格代表音乐发展的不同时期，同时也代表不同地区的文化。教师应选择多样的歌曲素材进行歌唱教学来扩大学生的音乐视野，使学生能够学习不同文化的音乐，建立学生对不同文化的尊重态度。教师应严谨地选择歌曲，在保证歌唱教学素材质量的同时拓展歌曲的曲目和音乐词汇。例如，平时在幼儿园，经常会听到幼儿唱一些关于小动物的歌曲，除此之外，还有关于健康生活习惯的歌曲。其实，教师可以选择不同地方的简短民歌或者不同国家的民歌进行教学，使幼儿除了初步了解其他地方的音乐风格之外，还可以通过歌词了解不同地方的风俗、文化。

3. 歌唱教学的目的

在歌唱教学中，教师最首要的任务是培养学生歌唱的自信心和即兴歌唱能力，其次才是歌唱技巧。因此，在歌唱教学活动中，教师应多鼓励学生，多给他们歌唱的机会。在奥尔夫音乐教育中的歌唱教学要求学生不仅会唱，还要求学生能够将所学的素材进行即兴或再改编、创作，让学生在学习歌曲的同时，能够慢慢掌握简单的歌曲创作音乐语汇，除了让学生演唱现有的音乐作品，教师还可以让学生根据自己积累的音乐经验创编属于自己的歌曲。

综合讨论

1. 请概括歌唱教学在音乐教学中的重要性。
2. 如何在歌唱教学中培养幼儿的创编能力?
3. 如何通过歌唱教学发展幼儿的语言能力?
4. 歌唱教学的方法有哪些?

拓展练习

1. 以《发芽》这首儿歌为教学素材，为3—4岁的幼儿设计一堂歌唱课。
2. 以《你的名字叫什么》这首儿歌为教学素材，为4—5岁的幼儿设计一堂歌唱课。

你的名字叫什么

上板茂之词
肖　兵译配

3. 以《小毛驴》这首儿歌为教学素材，为5—6岁的幼儿设计一堂歌唱课。

小 毛 驴

林重同词曲

4. 设计一节不是用模唱的教学方式让学生学会歌曲的音乐课。

第三节 演 奏 训 练

课例24 音色的识别

【教学目标】

1. 打击乐合奏中探索用不同方式敲击乐器。
2. 能够辨别各类奥尔夫乐器的音色。
3. 以游戏的方式培养幼儿识别不同的音色。

【教学准备】

钢琴；奥尔夫乐器。

【适合年龄】

4—5岁。

【教学思路】

1. 通过游戏识别人声。
2. 介绍奥尔夫乐器，辨别各类奥尔夫乐器的特点。
3. 通过游戏“我来寻找新朋友”，检验儿童对乐器音色的辨识度。

【教学过程】

1. 通过游戏识别人声。

指导语：“小朋友们，今天我为大家准备了小礼物，那就是糖果和饼干，但是想得到这份礼物的小朋友，必须要在一会儿的游戏中获胜，现在游戏开始！”

●教师教唱下面的旋律。

孟　欣词曲

●幼儿手拉手围成一圈，请一个幼儿站在圆圈中间闭上眼睛。然后，在围圈的幼儿中，请两个幼儿手里分别握着糖果和饼干，其他幼儿双手背后。

●请一直闭着眼睛的幼儿睁开眼睛，根据声音的方向找出拿糖果的幼儿。

●请另一个幼儿站在圆圈中间闭上眼睛，重复游戏。

小贴士：幼儿刚开始做这个游戏时，经常猜不对，可以通过多次歌唱，让幼儿熟悉辨别声音的方向和特点。

●经过几次游戏后，幼儿对人声的识别能力越来越强，这时可以增加游戏的难度，让幼儿故意伪装声音，如模仿爷爷、奶奶、爸爸、妈妈的声音。

2. 识别乐器音色。

●教师分别介绍乐器的名称、演奏方式和演奏的姿势（图24–1至图24–4）。

图24–1　木质类乐器：木鱼

图24–2　金属类乐器：三角铁

图24–3　皮质类乐器：手鼓

图24–4　散响类乐器：沙锤

●请幼儿先听一次乐器的声音，然后闭上眼睛。请四个幼儿分别敲打木鱼、三角铁、手鼓、沙锤，让闭上眼睛的幼儿猜猜乐器的名称。重新分配乐器，重复游戏。

●请两个幼儿同时敲打木鱼、三角铁，请其他幼儿闭上眼睛，抢答出敲打的乐器名称。然后，任意组合两件乐器，重复游戏。

●请三个幼儿同时敲打木鱼、三角铁、沙锤，请其他幼儿闭上眼睛，抢答出敲打的乐器名称。然后，任意组合三件乐器，重复游戏。

3. 游戏：我来寻找新朋友。

教师挑选一件没有介绍过的乐器，比如，刮胡、串铃等，请六个幼儿出来做游戏，其中五个幼儿围成一圈，四个幼儿分别手拿木鱼、三角铁、手鼓、沙锤，第五个幼儿手拿新的乐器，教师将最后一个幼儿的眼睛蒙上带到圈中间站好，游戏开始，五个幼儿按照教师给的速度一起敲击乐器并沿着一个方向走动，请蒙眼睛的幼儿用耳朵识别音色找出那件不同的乐器。

小贴士：游戏时，幼儿要保持安静，通过听乐器发出的声音辨别方向，在游戏的过程中教师不能给予语言提示。

（本课例教学构思来源于中国奥尔夫音乐协会师资培训班）

课例25　聪明的小动物

【教学目标】

1. 勇于独立创造各种声音进行音乐表现。
2. 通过律动感受音乐的有声和无声。
3. 学习用打击乐器表现音乐情绪。

【教学准备】

音乐播放器；一条人造的动物尾巴；打击乐器；音乐《拨弦》。

【适合年龄】

4—5岁。

【教学思路】

1. 故事引入。
2. 在教师的带领下进行律动。
3. 乐器演奏。

聪明的小动物

【教学过程】

拨　　弦

德立勃曲

1. 故事引入。

●给幼儿讲一个故事。

指导语："从前，有一群小动物，它们要穿过森林去大象家玩，可去大象家必须经过一片大森林，它们不熟悉路，只有跟在熟悉森林的大灰狼后面才能走出森林。这只大灰狼眼睛瞎了，耳朵聋了。小动物们跟在大灰狼的后面，当大灰狼停下来回头看时，只要小动物们既不动也不发出声音，大灰狼就不会发现。后来，聪明的小动物们终于到了大象家，他们在一起快乐地做游戏。"

●幼儿扮演不同的小动物，创编小动物的动作。

指导语："小朋友们，你们想扮演哪个小动物啊？"

2. 在教师的带领下进行律动。

●教师向幼儿提问：在大灰狼回头观察时我们应该怎么做？

小贴士：教师提示幼儿如何完成游戏，什么时候动什么时候停。

●幼儿倾听音乐，并观看教师示范表演：音乐响起，教师模仿大灰狼向前走，音乐在空拍时，教师停下脚步并做回头动作。

●幼儿跟随教师的哼唱做走和停的游戏，教师扮演大灰狼，全体幼儿扮演去大象家的各种小动物。教师哼唱拨弦曲的旋律在前面走，幼儿跟在后面，教师在音乐空拍的地方回头看，当教师回头时幼儿立刻停止脚步，不出声。

小贴士：教师在乐谱上有休止的地方回头。

●幼儿跟随教师边听音乐边做游戏。

●幼儿在教师引导下，通过讨论自由创编吓跑大灰狼的办法，如狗叫声、枪声等。

3. 乐器演奏。

●给每个幼儿分发一种打击乐器，让幼儿创编吓跑大灰狼的声音。

●教师戴上动物的尾巴扮演大灰狼，教师走向谁，谁就用乐器模拟吓唬大灰狼。

小贴士：幼儿的思维具有拟人性、想象夸张性等特点，常把想象当成现实，因此在进行此环节时，尽量先走向胆子比较大的幼儿。

●在幼儿能够比较熟悉地进行快速反应后，教师可采用一定的方法来增加幼儿听到声音做出反应的难度。如先“假装”走向某个声部，然后又忽然转向另一声部；或先“假装”迷路，原地转圈，然后又突然面对某个声部。

【音乐建议】

《拨弦》。

课例26　喜　洋　洋

【教学目标】

1. 乐于通过动作体验音乐带来的审美愉悦。
2. 学习通过图形谱探索各种不同的配器方法。
3. 学会看图形谱。

【教学准备】

带有节奏型的卡片；手鼓；响棒；响板；音乐播放器；音乐《喜洋洋》(民乐合奏曲)。

【适合年龄】

5—6岁。

【教学思路】

1. 律动教学。
2. 幼儿根据图形谱的变化探索配器方法。
3. 视谱训练。

【教学过程】

喜　洋　洋

刘明源曲

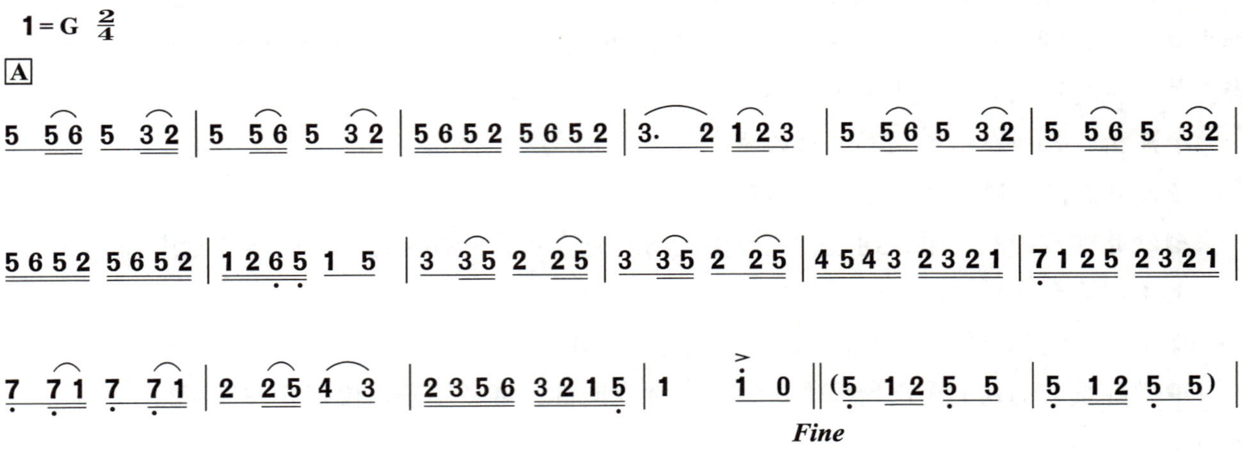

1=G 2/4

A

5 56 5 32 | 5 56 5 32 | 5652 5652 | 3. 2 123 | 5 56 5 32 | 5 56 5 32 |

5652 5652 | 1265 1 5 | 3 35 2 25 | 3 35 2 25 | 4543 2321 | 7125 2321 |

7 71 7 71 | 2 25 4 3 | 2356 3215 | 1 i 0 ‖(5 12 5 5 | 5 12 5 5) |

Fine

B

‖: 5. 6i | 5. 6 | i 2i 6 4 | 5 – | 5. 6 i 2 | 5 2 2 i | 6 65 456 | 5 – |

i i6 | 5. 6 i 2 | 56i2 5i65 | 4. 32 | 5 5 5 i | 5. 43 | 2321 712 | 1 – :‖

D.C.

1. 律动教学。

●幼儿创编律动动作。

小贴士：动作是否好看并不重要，关键在于幼儿是否能主动大胆地创编动作。

●此曲分为三部分，即ABA结构，幼儿边听音乐边和教师一起稳定地打基本拍：

A段拍手（第1小节至第16小节）；

B段跺脚（第17小节至第34小节）。

●幼儿在教师的引导下用固定节奏型创编动作。

●将幼儿分成两组分别做不同节奏的动作。

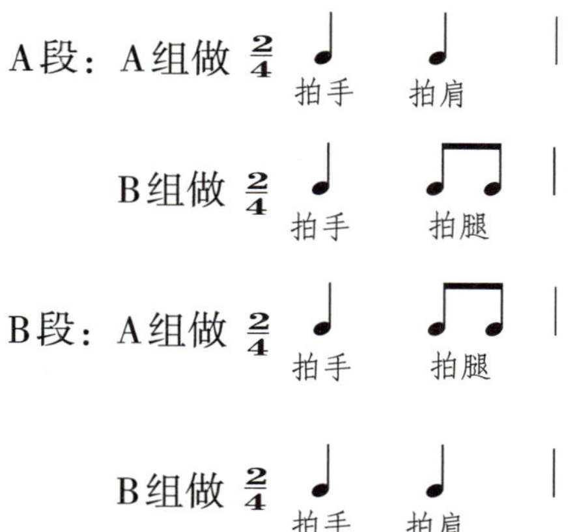

2. 在教师指导下，幼儿根据图形谱的变化探索配器方法。

●听音乐看教师画图形谱。

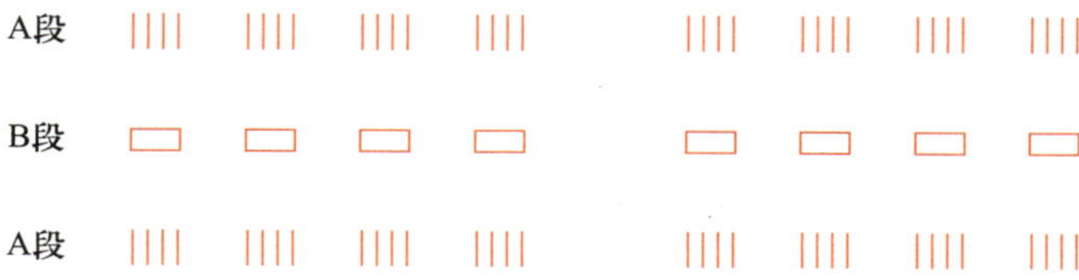

小贴士：A段反复画竖线，B段反复画长方形。

●看图形谱编配乐器。

A段：手鼓 $\frac{2}{4}$ ♩ ♩ :‖

B段：沙锤 $\frac{2}{4}$ ♩ ♫ :‖

3. 视谱训练。

●教师出示节奏卡片，幼儿根据节奏卡片即兴演奏乐器。

小贴士：教师即兴出示节奏卡片，训练幼儿的反应能力。

●邀请一个幼儿扮演小老师，即兴出示节奏卡片。

小贴士：教师出示卡片的动作要干脆利落，不要频繁变化卡片。

【音乐建议】

民乐合奏曲《喜洋洋》。

课例27 即 兴 演 奏

【教学目标】

1. 体验与同伴合作演奏的乐趣。
2. 通过即兴创作的练习，尝试进行指挥，养成集中注意力看指挥演奏的习惯。
3. 认识四类打击乐器，培养幼儿探索声音的能力。

【教学准备】

三色纱巾；金属类、木质类、散响类、皮革类打击乐器。

【适合年龄】

5—6岁。

【教学思路】

1. 探索乐器的声音。
2. 即兴演奏训练。
3. 即兴创编回旋曲式。

【教学过程】

1. 探索乐器的声音。

●请幼儿围坐成一个圆圈，在圈内放置乐器箱。请幼儿选择一件自己喜欢的乐器，并观察自己手中的乐器是什么颜色的、什么质地的、什么形状的。

●由教师开始，用不同的方式使乐器发出声音。

小贴士：在这个环节，教师要引导幼儿在使用同种乐器时，用和别人不一样的方式演奏乐器。教师要鼓励幼儿大胆演奏。当遇到幼儿使用同样的演奏方式时，教师可启发幼儿发出不同的音响。

●教师用手势指挥，幼儿看手势演奏乐器，进行开始与停止、音量大小、声音长短的练习。教师手打开，手心向上表示开始，手握拳表示停止；手举高表示音量大，手落下表示音量小；手长时间打开表示长音，手短时间打开表示短音。

小贴士：在这个环节，教师不是用语言来告诉幼儿什么时候开始和结束，而是用手势和眼神来提示幼儿。建议教师开始的时候要控制速度。

●教师双手分别指挥，形成两个声部。

小贴士：在这一环节，幼儿的注意力会高度集中，视线时刻关注教师的手势。教师要告诉幼儿在看指挥的时候，耳朵也要听着同伴的声音，听听是不是和同组成员的音量、声音长短是一致的。此练习有益于培养幼儿的专注力、反应力、协调力等。

●请幼儿站在圆中间进行指挥。

小贴士：教师要给幼儿营造创造性的氛围，鼓励幼儿发出与上一组不同的音响效果，要给予幼儿充分的想象空间。

2. 即兴演奏训练。

●请幼儿按所持乐器的种类分组坐好。教师拿出三条不同颜色的纱巾，红色代表金属乐器、黄色代表木质乐器、蓝色代表散响乐器。教师随意挥动纱巾，幼儿看颜色区分乐器，进行即兴演奏。如教师挥舞红色纱巾，则金属乐器演奏；挥舞黄色纱巾，则木质乐器演奏；挥舞蓝色纱巾，则散响乐器演奏；如三条纱巾同时挥舞，则三种乐器同时演奏；纱巾挥舞速度快（慢），则演奏的速度也快（慢）；当纱巾从高处飘向低处时，则声音由强变弱等。

小贴士：无固定音高打击乐器一般分为以下四大类：金属类、木质类、散响类、皮革类乐器。这个环节，教师要引导幼儿正确地进行即兴演奏，仔细倾听各声部的声音，哪个声部的声音不明显，教师要强化哪个声部的声音。

3. 即兴创编回旋曲式。

●音乐创编：把幼儿分成两组，教师带领一组幼儿用皮革类乐器演奏A部音乐，一个幼儿当指挥用三色丝巾即兴舞动，另一组幼儿看指挥用其他三种乐器演奏插部音乐，形成ABACADA的回旋曲式。如：

●变换A部乐器及节奏型，不断变换插部音乐的指挥者，创作不同的演奏效果。

（本课例教学构思素材来源于中国奥尔夫音乐协会师资培训班）

课例28　蚂蚁搬豆

【教学目标】

1. 体验与同伴合作的乐趣。

2. 通过乐器演奏体验歌曲的旋律特点。

3. 经由语言—歌唱—声势—乐器演奏—创编情景剧，由易到难，综合性地学习，达到知识的积累。

【教学准备】

皮革类、木质类、金属类、散响类乐器；音条乐器。

【适合年龄】

5—6岁。

蚂蚁搬豆

【教学思路】

1. 通过语言进行节奏训练。

2. 运用歌唱的形式进行训练。

3. 运用声势的形式进行训练。

4. 结合乐器演奏的形式进行训练。

5. 运用语言、歌唱、声势、乐器演奏等方式分组创编情景剧，并进行表演。

【教学过程】

1. 通过语言进行节奏训练。

●请幼儿围坐成一个圆圈。教师默念歌谣，用大肢体（手臂）与小肢体（手指）动作表达儿歌故事情景。

一只蚂蚁来搬豆；（一根手指弯曲向前移动，表示蚂蚁走路。）

搬来搬去搬不动；（手指向上移动，表示搬豆的动作。）

只好叫来好朋友；（手心朝内，挥动手臂，表示叫好朋友来帮忙。）

合力一起抬洞里。（五个手指聚拢，张开、合上向前走，表示齐心协力来搬豆。）

●教师诵读歌词。

●幼儿跟教师一起，边诵读歌词边做动作。

指导语：“小朋友们，你们看小蚂蚁们是不是非常团结友爱，特别喜欢互帮互助啊？我们也要向小蚂蚁学习，要知道很多时候一个人的力量是不够的，只有团结在一起才能战胜困难。”

●熟悉歌谣及动作之后，进行节奏卡农。

●将幼儿分为两组进行二声部卡农。

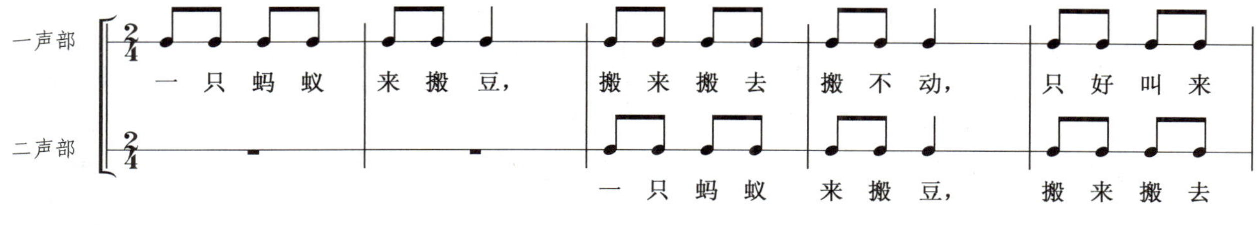

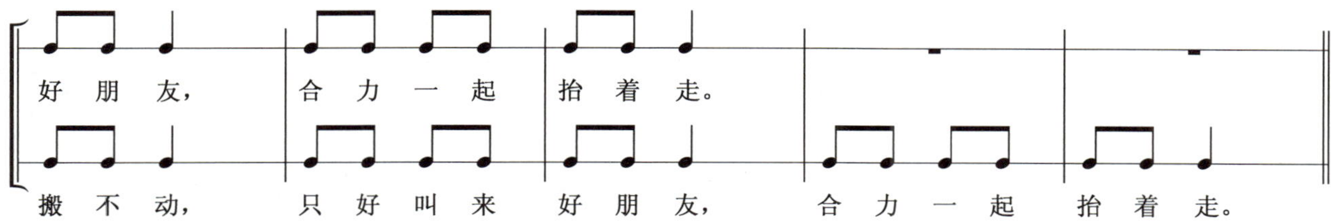

●将幼儿分为三组进行三声部卡农。

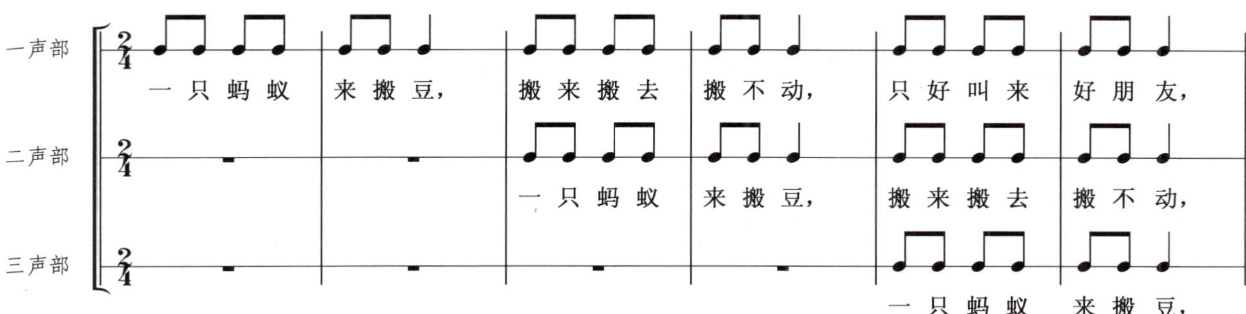

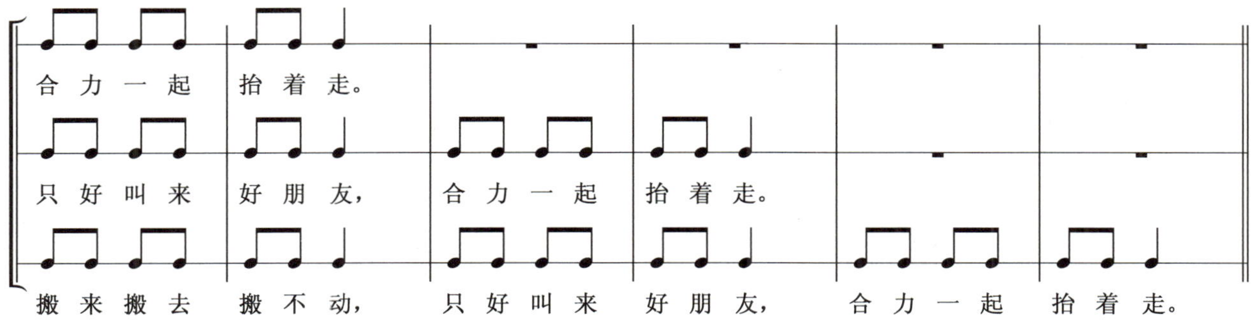

小贴士：5—6岁幼儿合作意识强，可分组搬“豆”练习多声部节奏，若人数允许可增至四五声部，熟练后可进行变化练习，如二、三声部提前两拍进入，依次相差两拍。

2. 运用歌唱的形式进行训练。

●学习歌曲旋律。

请幼儿用“豆”字来模唱旋律。

●学唱整首歌曲（加词）。

●将幼儿分为两个声部进行旋律卡农。（后四段歌词省略）

●熟悉后，分三组进行三声部旋律卡农。

小贴士： 同节奏练习一样，可以继续进行两拍后跟进的旋律卡农练习。如果幼儿人数及时间允许的话，教师也可以继续分四声部、五声部进行练习。

3. 运用声势的形式进行训练。

●为歌曲加入声势，分为四个声部。

●四声部边唱边做声势，熟悉后可进行四声部声势卡农。

4. 结合乐器演奏的形式进行训练。

●将四个声部的声势转换为打击乐器进行演奏。

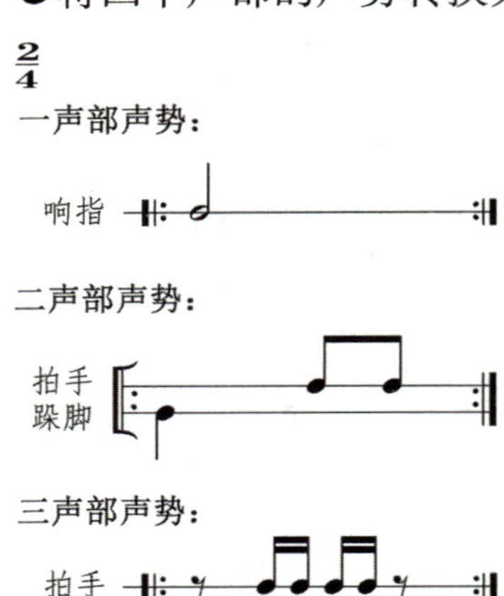

四声部声势：

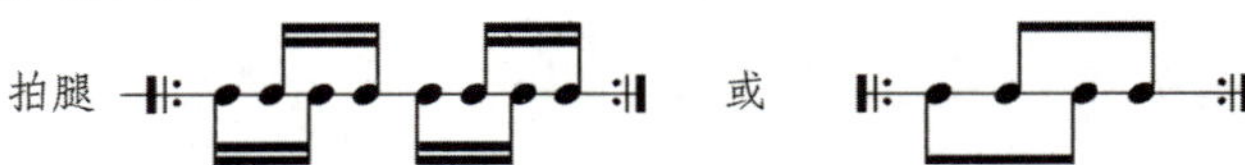

一声部：三角铁（或其他金属乐器）。

二声部：鼓（或其他皮革乐器）。

三声部：双响筒（或其他木质乐器）。

四声部：串铃（或其他散响乐器）。

小贴士：双响筒和串铃的节奏可以根据幼儿的接受程度做难度的调整。

●边唱歌曲边用打击乐器演奏。

●加入音条乐器进行演奏。

小贴士：音条乐器的演奏对于幼儿来说有一定难度，要循序渐进地加入，要掌握方法（如将其他没有用到的音条拿掉等），并根据幼儿的具体情况进行难度的调节。

5. 运用语言、歌唱、声势、乐器演奏等方式分组创编情景剧，并进行表演。

●分组创编情景剧。

小贴士：分组创编故事情景，在这个故事情景里，幼儿通过歌唱、律动、声势、舞蹈、乐器演奏等方式来表达。要像音乐剧一样，有开始、展开和结束。

●完成后，进行展示。

理论链接

奥尔夫音乐教育中的乐器

奥尔夫非常重视本土音乐，在各国的奥尔夫音乐教育中，还会融入各个国家的本土乐器，从而不断地丰富奥尔夫音乐教育打击乐器的音色和种类。

1. 打击乐器

首先，打击乐的学习不仅可以培养幼儿良好的节奏感，还可以提高幼儿对不同音色的敏感度。其次，除了可以用非音高打击乐器为幼儿的歌唱伴奏形成丰富的音响效果之外，还可以使用有具体音高的打击乐器，让幼儿演奏简单的固定音型来体验乐器合奏，提高音乐合奏能力。音条乐器的琴键可以随时装卸。作为奥尔夫音乐教育的特色乐器，音条乐器是教师教授旋律、和声与织体概念的实用工具。教师可以根据教学的需要来改变琴键的摆放位置，实现对低龄儿童教授和声的可能性。

2. 声势

声势作为教授节奏的另一种教学方式，亦属于奥尔夫音乐教育的打击乐教学范畴。声势基本动作为：捻指、拍手、拍腿、跺脚（图28–1至图28–4）。自奥尔夫音乐教育发展至今，声势除了四个基本动作外，还发展出很多的动作和音色，大大增强了声势的音乐表现力。声势不仅作为身体打击乐在奥尔夫音乐教育中占有一席之地，甚至被认为是奥尔夫音乐教育律动教学的一部分，所以用声势的音乐教学手段不但可以使幼儿感知音乐，还可以促进幼儿的手脚协调，帮助他们发展良好的动觉。

图28–1　捻指

图28–2　拍手

图28–3　拍腿

图28–4　跺脚

3. 嗓音打击乐

在传统的歌唱教学理念中，歌唱只有一种科学的发声方法，但是在奥尔夫音乐课堂中，教师可以通过嗓音打击乐的教学，让幼儿明白人的嗓音有发出多样音色的可能性，并且发声方法也很多。借助这样的音乐学习形式，幼儿对音乐的理解不再局限于某一形式，而能用发散的思维来学习音乐，有助于提高幼儿的创造力。

4. 竖笛

竖笛属于奥尔夫音乐教学中的旋律乐器，在奥尔夫乐器合奏中担任旋律声部。该乐器一般供小学生学习。基于学前儿童的生理、心理发展特点，该阶段的儿童一般较少接受竖笛乐器的学习，但教师可学习简单的吹奏法以方便教学。

综合讨论

1. 用自己的话概括打击乐器在幼儿音乐教学中的意义。
2. 简述奥尔夫打击乐器在使用中的注意事项。
3. 乐器教学能培养幼儿哪些方面的能力？
4. 如何运用打击乐器培养幼儿的想象力和创造力？
5. 请概括奥尔夫打击乐器的音色特点及配器方法。

赛证融通

拓展练习

1. 为《卡门》这首乐曲设计一个适合于5—6岁幼儿演奏的配器方案。
2. 请自制三种打击乐器，并为《瑶族舞曲》配器。
3. 请以莱昂·耶塞尔作曲的《玩具兵进行曲》为素材，设计一堂适合3—4岁幼儿学习，并以打击乐器教学为主的音乐课。
4. 选择一种音色的打击乐器，并用它来创编一个固定节奏型，然后为《小老鼠》这首儿歌伴奏。

第四节　律动训练

课例29　我的一天

【教学目标】

1. 促进身体协调性的发展，体验与同伴合作游戏的快乐。
2. 通过肢体动作感受音乐元素。
3. 初步学习创编动作，并随着音乐做律动。

【教学准备】

奥尔夫乐器；钢琴。

我的一天

【适合年龄】

4—5岁。

【教学思路】

1. 导入课程，引导幼儿用肢体模仿。

2. 分组创编动作，并进行练习。

3. 分组汇报，总结经验。

【教学过程】

1. 导入课程，引导幼儿用肢体模仿。

●教师导入课程："请小朋友们回忆一下，今天早晨，从起床到上幼儿园你都做过什么事情"。引导儿童回答："起床、穿衣服、洗脸、刷牙、吃早饭、坐车、走进教室、坐在座位上……"

●教师示范起床、穿衣服、洗脸等动作，幼儿模仿。也可由个别幼儿示范，其他幼儿相互观摩学习。

●教师有节奏地重复动作，幼儿模仿，经过练习逐步达到大部分幼儿节奏整齐、动作统一。

●教师即兴伴奏（或用打击乐器打节奏也可），用形象的伴奏音型或音响效果来表现"起床、穿衣服、洗脸、刷牙、吃早饭、坐车、走进教室、坐在座位上"等一系列动作。每个动作为四拍，幼儿边听伴奏边做动作，逐步做到音乐、律动的协调统一。

2. 分组创编动作，并进行练习。

●教师将幼儿分组，每一组以《我的一天》为主题，创编律动。如劳动的一天，去游泳的一天、去滑冰的一天、去动物园的一天等，引导幼儿根据主题用肢体动作表达一天中发生的事情。

小贴士：主题的选材只有贴近幼儿的生活，幼儿才会对创编感兴趣，才会联想到很多动作，且不会觉得太难。当幼儿对创编动作感到困难时，教师要启发、引导、帮助他们完成创编，由此建立幼儿的自信心，帮助幼儿提升经验，和幼儿一起探索并发现生活，同时借助肢体语言伴随音乐的节奏来表现生活的点点滴滴。让幼儿在表现每一个主题的主要特征中，培养想象力和表现欲。

●分组练习，做到动作的表达清晰、准确，律动的节奏稳定。

●教师根据幼儿的律动，编配伴奏。

小贴士：在此环节，教师要及时纠正幼儿肢体动作的不妥之处，帮助幼儿调整律动的节奏感。

3. 分组汇报，总结经验。

●分组表演，体验合作的快乐。

●请各组幼儿和教师一同表演，互相学习，取长补短。

●引导幼儿养成自己的事情自己做的好习惯。

（本课例教学思路来源于中国奥尔夫音乐教育协会师资培训班）

课例30　小猪与老狼

【教学目标】

1. 大胆尝试为动画片《三只小猪》(片段)配音乐，感受《匈牙利舞曲第五号》富于变化的情绪。

2. 运用倾听、比较、讨论等方法，讨论音乐与故事情节的关系。

3. 感受《匈牙利舞曲第五号》的结构并进行段落旋律与节奏的对比。

【教学准备】

《三只小猪》动画片；音乐《匈牙利舞曲第五号》；音乐播放器；小道具若干。

【适合年龄】

4—5岁。

【教学思路】

1. 故事导入。

2. 通过动作分析乐曲的结构和旋律特点。

3. 角色扮演游戏。

小猪与老狼

【教学过程】

匈牙利舞曲第五号

勃拉姆斯曲

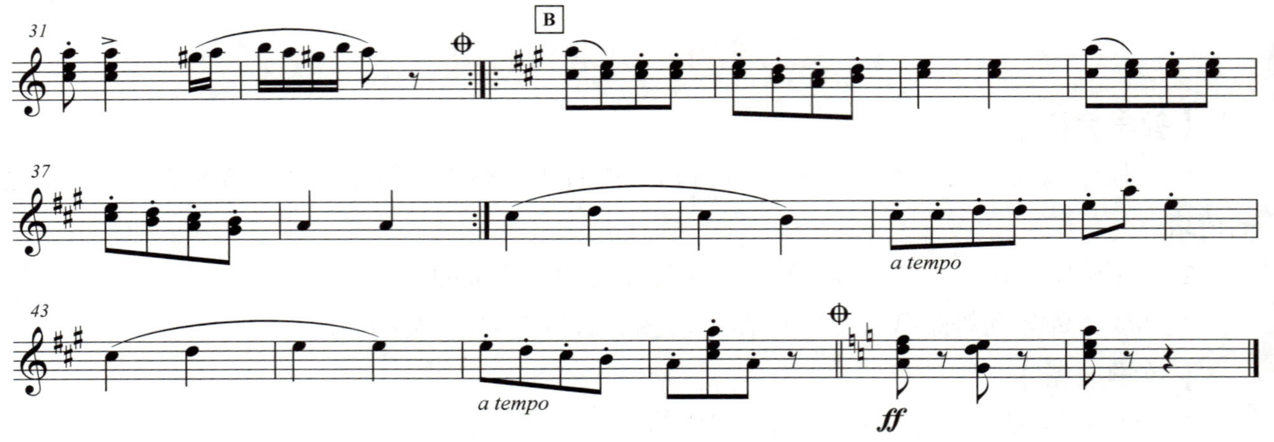

1. 故事导入。

●观看没有配乐的动画片《三只小猪》片段，初步熟悉故事情节。

指导语：“小朋友们，你们在动画片里都看到了什么？小猪和大灰狼之间发生了什么事？”

小贴士：《匈牙利舞曲第五号》是一首热烈奔放的乐曲，在动画片《三只小猪》中，艺术家们的配乐，使此曲与动画片中角色的形象特征、动作、表情尤其匹配。变奏、不同的配器、改变速度等手段的应用，将动画片衬托得更加有趣味。

2. 通过动作分析《匈牙利舞曲第五号》的结构和旋律特点。

●边听音乐边带领幼儿做律动。

第一乐段拍腿；第二乐段拍手；第三乐段跺脚。

小贴士：教师的动作要清晰，动作的节奏要与音乐的节奏相一致。

●分段倾听乐曲，创编动作，以动作帮助分析该乐曲。

小贴士：《匈牙利舞曲第五号》是情绪比较鲜明、比较热情洋溢的匈牙利吉卜赛风格的舞曲，此曲为单三部曲式结构（ABA），第三乐段是第一乐段的再现。

倾听第一乐段，创编小猪跳舞的动作。

倾听第二乐段，创编大灰狼的动作。

倾听第三乐段，创编小猪战胜大灰狼后喜悦心情下的动作。

小贴士：引导幼儿充分发挥想象力，并鼓励幼儿大胆创编动作。

3. 角色扮演游戏。

●分配角色：将幼儿分为两组，A组扮演小猪，B组扮演大灰狼。

●讨论表演的内容和形式。

第一乐段：A组表演小猪。

第二乐段：B组表演大灰狼。

第三乐段：A组表演小猪喜悦地跳舞。

●选择与角色相应的道具，进行更加形象的表演。

●全体幼儿随音乐进行表演。

【音乐建议】

《匈牙利舞曲第五号》。

课例31　动物园游园记

【教学目标】

1. 乐于进行律动游戏，感受与同伴、教师共同游戏的乐趣。

2. 运用动作来表现音乐，尝试边听音乐边与同伴合作做律动。

3. 学会看图形谱做动作，感知乐曲中的长音与短音。

【教学准备】

图画；音乐播放器；奥尔夫音乐《握手舞》。

【适合年龄】

4—5岁。

【教学思路】

1. 幼儿尝试用肢体动作表现动物特点，并进行模仿。

2. 感受长音与短音，并用律动表现乐曲结构。

3. 角色表演。

【教学过程】

握　手　舞

（主旋律谱例）

1. 幼儿尝试用肢体动作表现动物特点，并进行模仿。

●教师请幼儿面向教师坐下，播放乐曲《握手舞》，用简单的动作带领幼儿做律动，引导幼儿在律动中感知乐曲中的长音与短音。

●教师提问："动物园里都有哪些动物？它们喜欢做什么、吃什么？它们是怎么走路的？"请幼儿说出来，并模仿动物们玩耍及走路、奔跑的动作。

●教师展示图片，请幼儿观察："图上都有哪些动物？他们游园的路线是什么样的？可以用什么样的肢体动作来表现这些动物？"幼儿展开想象并做动作（图31–1）。

图31-1 游园路线

小贴士：教师在整个过程中要鼓励幼儿大胆创编动作，启发幼儿在相互交流中，聆听别人是怎么说的，观察别人是怎么做的，并做出与别人不同的动作。

●教师从幼儿所做的动作中，选取7个最为形象的动作，教师做，幼儿模仿，如下所示。

老虎：伸出两只手，五指弯曲表现老虎锋利的爪子。

山羊：两只手呈“六”型，竖立在头的两侧。

鸵鸟：右手五指聚集呈鸟头状，右臂90°弯曲，脖子前后伸缩，双腿90°抬起跳动。

孔雀：右手呈孔雀头状，左手在身后做尾巴摆动。

猴子：右腿弯曲抬起，右脚跟靠立在左腿膝盖处，左手背后，右手在额头处左右挠动，表现猴子的顽皮机灵。

蛇：右手五指聚拢，手臂呈90°左右移动，表现蛇灵活的体态。

马：左右手握拳，右手在上，左手在下，做骑马姿势。

●教师问幼儿：“司机是怎样开车的？车里的人是怎样看动物的？”幼儿展开想象做动作。教师从幼儿创编的动作中选出来一个进行表演，幼儿模仿，如下所示。

开车：左右手握拳，呈手握方向盘姿势，上下移动。

远看：双手五指握住，呈圆柱状放在双眼前，像拿望远镜般左右看。

2. 感受长音与短音，并用律动表现乐曲结构。

●播放音乐《握手舞》，边听音乐边做动作。

a部分——模仿开车的动作。

b部分——模仿拿望远镜左右看的动作。

c部分——模仿各种小动物逐一出来的动作。

●幼儿站起来，跟教师一起做律动。

a部分：幼儿做手握方向盘的动作，根据音效晃动身体，表现快乐开车的场景。

b部分：当听到b部分音乐时，做手拿望远镜左看右看的动作，表现寻找动物的场景。

c部分：此段音乐在全曲中变换最多，是由长短不一的乐句叠加而成的，从第一个动物老虎的动作开始，逐一叠加山羊、鸵鸟、孔雀、猴子、蛇到最后的马的动作。

小贴士：c部分音乐出现长音与短音，当听到长音与短音交替出现时，教师提示幼儿要迅速地转换动物的动作。c部分不断重复，长音与短音不固定出现，每一种动物的动作长短也不一，幼儿需要灵敏反应，并连接下一个动作。在这里幼儿的注意力会高度集中。当有的幼儿遗忘动作时，会看教师或身边同学的动作进行模仿，这种行为会让幼儿感觉他人的存在。

●请一个幼儿做指挥，指着图形谱指挥其他幼儿做律动。

3. 角色表演。

●请幼儿分成两组进行角色扮演。请幼儿在场地内散开，一组扮演游动物园的幼儿，另外一组戴头饰扮演动物，做动物律动。

●互换角色进行表演。

【音乐建议】

奥尔夫音乐《握手舞》。

课例32　中国空军进行曲

【教学目标】

1. 勇于参与即兴表演。

2. 通过图形谱和身体的律动了解音乐的结构。

3. 掌握三种节奏型。

【教学准备】

音乐播放器；乒乓球；呼啦圈（小号）；大皮球；响板；手鼓；沙锤；音乐《中国空军进行曲》。

【适合年龄】

4—5岁。

【教学思路】

1. 模仿杂技演员表演杂技。

2. 做音乐游戏。

3. 观察图形谱，初步了解三种节奏型。

4. 身体乐器演奏。

5. 打击乐器演奏。

【教学过程】

1. 模仿杂技演员表演杂技。

●在教师的指导下，幼儿表演传乒乓球、转呼啦圈、拍球的动作，体验杂技表演的乐趣。

指导语：“小朋友们，你们看过杂技表演吗？羡慕杂技演员吗？今天我们也要进行一个杂技表演。你们看，老师带来了乒乓球、呼啦圈、大皮球，让我们一起表演吧。”

小贴士： 教师要将三种学具逐一拿出来，让幼儿体验和讨论玩法，以免学具太多干扰幼儿的注意力。

●教师拿出一个乒乓球，左右手按照一定速度传球（左手传给右手，右手传给左手）传七下停一下。

小贴士： 教师传球的速度要平稳，边传边读“传”字。

●请一个幼儿模仿教师传球。

小贴士： 4—5 岁幼儿难以长时间维持传球的均匀速度，初始阶段虽能遵循教师所定速度进行，但一段时间后易出现节奏过快或过慢的情况，教师需适时提示幼儿保持速度稳定。

●幼儿两两一组，面对面站好，每组幼儿一个乒乓球，一个幼儿做，另一个幼儿观察，教师给出速度，幼儿按照教师给的速度传球。连续做七次之后，把球给另一个幼儿进行表演。

小贴士： 教师给出的速度不宜过慢或过快，要根据幼儿传球的能力调整速度。不要给每个幼儿都发球，以此训练幼儿的观察及等待能力。

●教师拿出呼啦圈套在右手的手臂上，靠臂力转动呼啦圈，转三下停一下。

●请一个幼儿模仿教师转呼啦圈，转三下停一下。

●幼儿两两一组，面对面站好，每组幼儿一个呼啦圈，一个幼儿做，另一个幼儿观察，教师给出速度，幼儿按照教师给的速度转动呼啦圈，转三下停一下，反复两遍，之后把呼啦圈给另一个幼儿进行表演。

●教师拿出一个大皮球，左手托球，右手拍球，快速拍两下停一下。

●请一个幼儿模仿教师拍球。

●幼儿两两一组，面对面站好，每组幼儿一个大皮球，一个幼儿做，另一个幼儿观察，教师给出速度，幼儿按照教师给的速度拍球，快速拍三下停一下，反复两遍，之后把大皮球给另一个幼儿进行表演。

2. 做音乐游戏。

●把全体幼儿分成三组，A 组幼儿传乒乓球，B 组幼儿转呼啦圈、C 组幼儿拍皮球。幼儿看教师指挥做动作。

小贴士： A 组幼儿在乐曲的 A 段表演；B 组幼儿在乐曲的 B 段表演；C 组幼儿在乐曲的 C 段表演。

3. 观察图形谱，初步了解三种节奏型。

●边听音乐边看教师指的图形谱，并注意观察图形谱中隐含的三种不同节奏型。

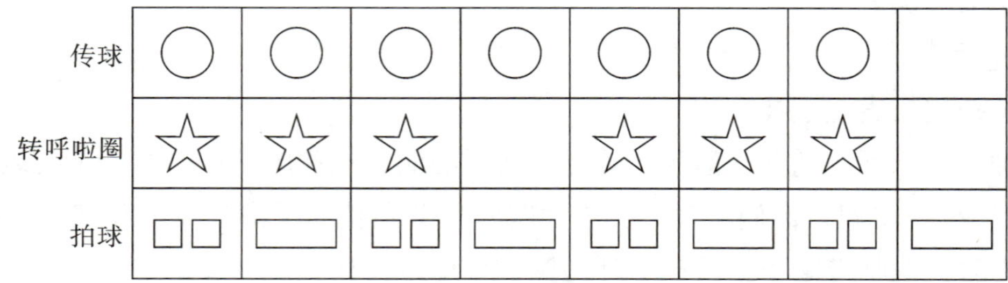

中国空军进行曲

苏任千　羊鸣曲

小贴士： A段指圆圈，B段指五角星，C段指方块（一拍一个大方格）。

●听音乐的同时观看图形谱并读出节奏

传	传	传	传	传	传	传	
转	转	转		转	转	转	
拍拍	拿	拍拍	拿	拍拍	拿	拍拍	拿

A段读“传”，B段读“转”，C段读“拍”和“拿”。

小贴士：幼儿边读节奏边拍手打节奏。教师提醒幼儿手口节奏同步，即同步击拍，并注意节奏型的变化。

●边听音乐边看教师指图边拍出节奏型。

小贴士：边听音乐边拍手打节奏，口不读节奏。

●幼儿自愿担任小老师，手指图形谱，其他幼儿手拍节奏。

●不看图形谱，在教师的指挥下，伴随音乐手拍节奏。

4. 身体乐器演奏。

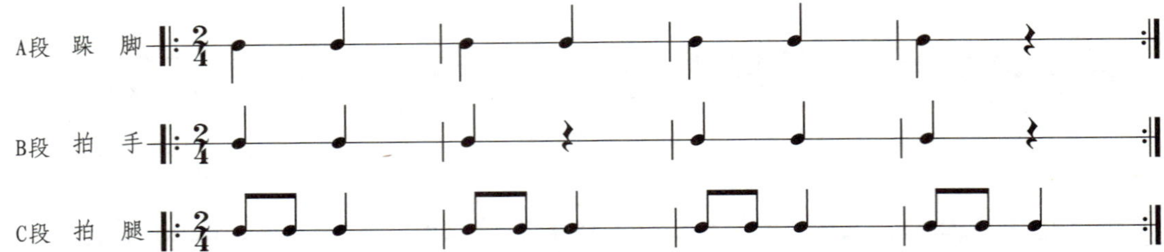

5. 打击乐器演奏。

●配器建议。

A段：响板

B段：手鼓

C段：沙锤

●幼儿持乐器看教师指挥即兴演奏，手鼓和沙锤伴奏。

●幼儿在教师的指导下，用合适的力度有感情地演奏。

●学做小指挥，模仿教师做即兴指挥。

【音乐建议】

《中国空军进行曲》。

课例33　谁是火车头

【教学目标】

1. 能够合着音乐节奏舞动，做开火车的游戏。
2. 在游戏中感受乐器声音，并及时做出反应。
3. 喜欢做音乐游戏，感受音乐的愉悦情绪。

【教学准备】

音乐播放器；音乐《谁是火车头》；碰铃；鼓；火车图片。

【适合年龄】

4—5岁。

【教学思路】

1. 提问导入，幼儿初步感受音乐。
2. 组成小火车。

3. 音乐游戏“谁是火车头”。

4. 分分合合。

【教学过程】

1. 提问导入，幼儿初步感受音乐。

●教师向幼儿提出几个关于火车的问题。

指导语：“小朋友们，你们见过什么样的火车？火车有什么特点？”

小贴士：教师应鼓励幼儿大胆回答，可根据生活经验和书上的知识来回答，之后教师出示火车图片。

●聆听《谁是火车头》音乐，感受小火车开起来的感觉。

指导语：“小朋友们，要仔细聆听音乐，可以在原地跟着节奏舞动，想象一下音乐中的情景，还要听一听音乐中有没有什么特殊的声音。”

小贴士：教师引导幼儿仔细聆听，找到音乐中碰铃的声音（图33-1）。

2. 组成小火车。

●教师当火车头，邀请幼儿当车厢。

指导语：“小朋友们，现在老师是火车头，邀请小朋友们当车厢。一会儿老师站到谁的旁边，并学小火车到站一样鸣笛，哪个小朋友就要上老师的小火车，扮演车厢”。

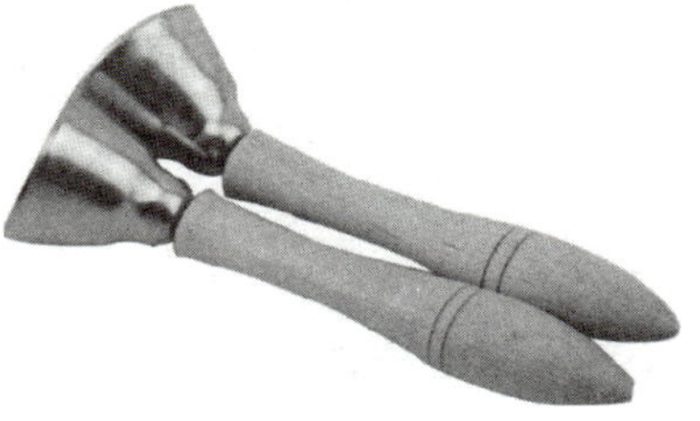

图33-1 碰铃

小贴士：此时教师要一只手向上举起，扮演火车头，当到达幼儿身边时，向下蹲一下，发出“呜——”的声音，幼儿双手抱住教师的腰部形成小火车，建议一列小火车的人数在5人以上，将班上的幼儿分成3列。

●开动小火车。

指导语：“小朋友们想一想，小火车可以怎么开？”

小贴士：引导幼儿说出小火车行驶的状态，左转弯、右转弯、钻山洞、上坡、下坡等。

3. 音乐游戏“谁是火车头”。

●教师播放《谁是火车头》音乐，教师带领3列小火车，伴随音乐节奏开动。

指导语：“小朋友们，现在我们的3列小火车要出发了，路途可能会有些崎岖，我们要加油啦，按照音乐的节奏，出发。”

小贴士：引导幼儿按照音乐的节奏跑动，做上坡、下坡、钻山洞、左转弯、右转弯的动作。

●组内换一个火车头。

引导语：“当听到碰铃响起，小火车的车头要跑到车尾去，原来的火车头后面的小朋友要当新的火车头”。

小贴士：新火车头要记得举起右手，游戏前教师要完整示范。

●组内换多个火车头。

引导语：“碰铃响起几下，几个火车头就要跑到车尾去，原来的火车头后面的小朋友要当新的火车头。”

小贴士：引导幼儿仔细聆听碰铃响起的次数，游戏前教师要完整示范。

●三组互换火车头。

引导语："鼓声响起几次，几个火车头就要跑到其他两列火车的车尾去，原来的火车头后面的小朋友要当新的火车头。"

小贴士：引导幼儿找准其他列火车的位置，并仔细聆听鼓声的次数，游戏前教师要完整示范（图33–2）。

图33–2　鼓

4. 分分合合。

●碰铃响起，三列小火车合并。

指导语："我们已经熟悉碰铃的声音了，当碰铃声音响起时，我们不再更换火车头了，而是三列小火车连接到一起，变成最长的一列火车。"

小贴士：教师要边演奏边用语言引导。

●鼓声响起，三列小火车分开。

指导语："我们已经熟悉鼓的声音了，当鼓声响起时，我们要把最长的一列火车，变回原来的三列小火车。"

小贴士：教师要边演奏边用语言引导，分与合分别进行几次，完成游戏。

理论链接

奥尔夫音乐教师在律动方面应具备的能力

奥尔夫音乐教师在律动方面应具备的能力如表33–1所示。

表33–1　奥尔夫音乐教师在律动方面应具备的能力

初级	中级	高级
★演示一个基本的动作、舞蹈语汇和各种基本动作要素 ★用动作表达时间的要素（韵律、节拍、节奏） ★结合语言、音乐和律动表现一段小结构的音乐 ★描述律动和舞蹈在奥尔夫音乐教学中所扮演的角色	★演示更多的动作语汇 ★演示对动作的认识，并进行有感觉的、精致的表演 ★伴随着灵敏、清晰的声音表演动作，并展示动觉的意识 ★描述并明确动作促进音乐、音乐也促进动作观念 ★用动作来表达音乐结构、音色、音型、节奏和混合拍子中的复杂节奏型 ★参与自由的、有意识的动作即兴 ★准确地表演民族舞和历史舞 ★直接用律动为音乐伴奏 ★将音乐、语言和律动整合后，进行创造性的艺术处理 ★描述律动品质的观念、各个肢体的关系、动作与其他艺术形式的观念、声音和动作之间的联系	★用$\frac{2}{4}$、$\frac{3}{4}$、$\frac{4}{4}$、$\frac{6}{8}$、$\frac{5}{8}$、$\frac{7}{8}$拍，以及无规律和不断变化的混合拍子进行动作表现 ★用律动回应不同的调式（大调或小调） ★可以用律动素材创编独舞、双人舞、音乐主题群舞 ★会利用队形 ★发展固定动作主题 ★创编伴奏动作 ★展示编排的舞蹈 ★根据乐句、基本曲式、AA、AB、ABA、回旋曲、回声、问答、轮唱、卡农、民族舞的形式进行表演 ★用律动表现主题和变奏 ★用动作来回应相应的音色 ★以表演为目的进行律动 ★将身体作为可视的乐器

注：该表参考了美国奥尔夫协会教师教育大纲。

综 合 讨 论

1. 课例《杂技表演》中教师运用了哪些奥尔夫音乐教育的手段？

2. 请概括幼儿音乐教育中律动教学的意义？

3. 请总结奥尔夫音乐教育中动作教学的形式有哪些？你还能创编出哪些形式？

拓 展 练 习

1. 请用儿歌《邮递马车》设计一堂适合3—4岁幼儿学习的律动课。

2. 请用儿歌《口哨与小狗》设计一堂适合4—5岁幼儿学习的律动课。

3. 请用歌曲《吉祥三宝》设计一堂适合5—6岁幼儿学习的律动课。

4. 如果要通过让幼儿用自己的身体来摆不同的数字以达到学会动作造型的学习目标，那么这些课应该如何设计？

第五节　亲 子 课 例

课例34　五环节奏问候游戏

【教学目标】

1. 引导幼儿感受稳定的基本节拍。

2. 学会基本的问候语 。

3. 声势节奏的启蒙训练。

4. 增进亲子关系，学会爱的表达。

【教学准备】

可以席地而坐的教室。

【适合年龄】

2—4岁。

【教学思路】

1. 一环基本问候。

2. 二环打节奏问候。

3. 三环单独问候。

4. 四环亲子问候。

5. 五环声势问候。

【教学过程】

1. 一环基本问候。

指导语："小朋友们，欢迎来到我们的亲子音乐课堂。老师要向小朋友们问好'宝宝宝宝宝宝好’，你们要说‘老师老师老师好’，让我们一起试一试吧。”

小贴士：家长盘腿坐在地上，引导幼儿坐在家长的腿中间，家长和幼儿的双手分别放在自己的膝盖上，挺胸抬头，眼睛看老师。

教师：宝 宝 | 宝 宝 | 宝 宝 | 好 — ‖

幼儿：老 师 | 老 师 | 老 师 | 好 — ‖

2.二环打节奏问候。

指导语：“小朋友们，老师的小手也想认识小朋友们，也想和小朋友们打招呼。让我们一起和小手打招呼吧。”

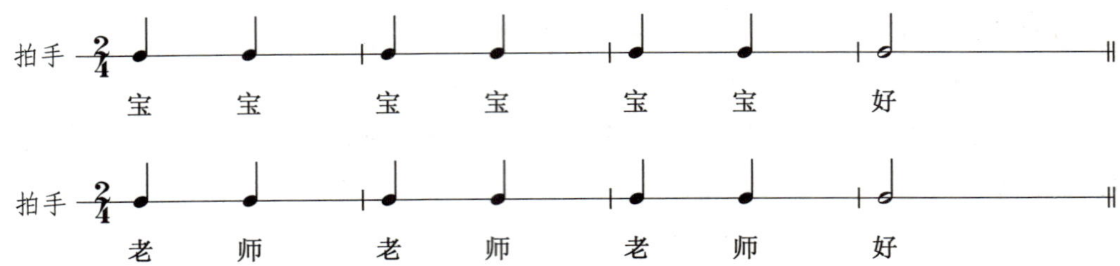

3. 三环单独问候。

指导语：“接下来，老师要和每一个小朋友单独问好了，当老师走到你面前，向你问好的时候，你也要向老师问好，我们来试一下。”

小贴士：单独问候时，在最后一句“宝宝好”的“好”字上教师可以和幼儿双手击掌，以达到协调动作和建立更亲密师幼关系的目的。

4. 四环亲子问候。

指导语：“我们可爱的小朋友们也和自己亲爱的妈妈问候一下吧。”

教师引导幼儿问候妈妈时双手拍打妈妈的双膝，妈妈问候宝宝时双手拍打宝宝的双膝，妈妈在最后一句回应“宝宝好”的“好”字时，双臂从背后环绕拥抱幼儿。

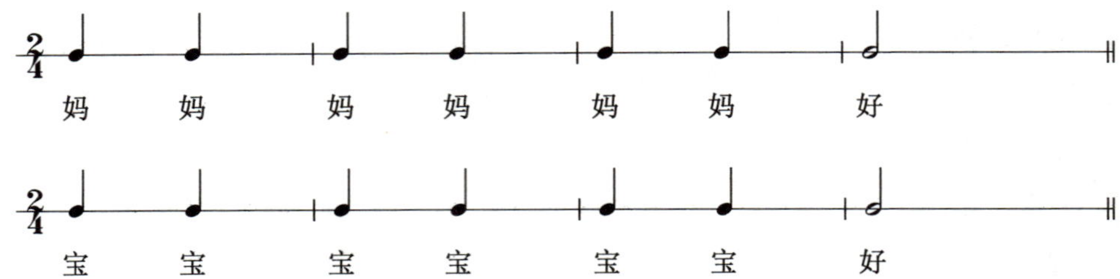

小贴士：教师引导家长在回应幼儿问候时要语气亲切，情绪饱满。此环节练习不仅进一步锻炼幼儿音乐语言的节奏感和动作的协调性，同时也增强了亲子的互动，引导幼儿学会并勇敢地进行爱的表达。

5. 五环声势问候。

指导语：“接下来，我们要做一个游戏，请小朋友们和老师一起张大嘴巴，将声音吞到肚子里。”

小贴士： 五大环节要衔接紧密。教师在课前应将课程目的和需要家长配合之处告知清楚，课上要调动家长与幼儿一起做，用成人的行为去感染幼儿。如果刚接触课程的幼儿不随教师做动作也不要强迫，幼儿只要能用眼睛看就可以。

此环节还可以逐步引入几种基本的声势节奏训练。

●拍手声势问候。

教师拍手示范，只打基础问候节奏，没有语言，请幼儿用同样的方法拍手回应“老师好”和“妈妈好”的节奏。

●拍手改为拍腿。

●拍手和拍腿相结合。

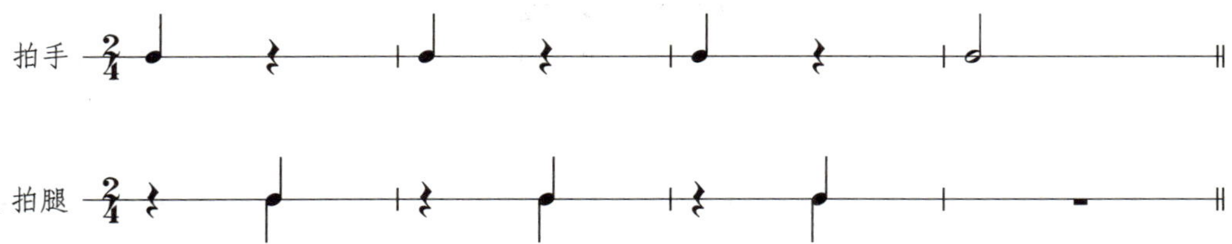

●多种形式的组合。

小贴士： 这环节属于拓展部分，教师可以继续变化声势动作，可以双手交替拍腿、幼儿拍自己的腿和拍妈妈的腿相结合等。教师可以根据幼儿和家长的具体情况酌情进行教学。

课例35 放 风 筝

【教学目标】

1. 了解关于风筝的相关知识。
2. 学唱歌曲《放风筝》。
3. 使用打击乐器摇铃为歌曲伴奏。
4. 通过语言节奏的配合练习增进亲子关系。

【教学准备】

画有直线的亲子教室；自制小风筝；摇铃；音乐播放器；音乐《春景》《放风筝》。

【适合年龄】

2—4岁。

【教学思路】

1. 走线游戏。
2. 新课导入。
3. 聆听歌曲。
4. 歌词游戏。
5. 学唱歌曲。
6. 玩奏乐器。
7. 音乐表演。

【教学过程】

放 风 筝

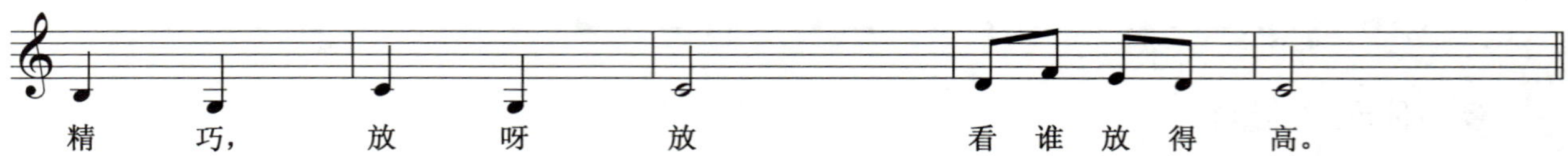

1. 走线游戏。

●徒手走：播放舒缓的音乐，教师引导幼儿随着音乐走直线。可模仿小动物的动作，如“小鱼游”“小鸟飞”。家长可以跟在幼儿身后一起做。

指导语：“请小朋友们双手背后，小脚踩在线上跟着老师，随着音乐（双手叉腰、双手放肩上、双臂打开、小手放头上、双手背后）向前走”。

●持物走：音乐的音量渐渐变小，请幼儿手持托盘跟在教师身后走直线。

指导语：“请小朋友们将水杯轻轻地放在托盘上，双手端住托盘的两侧，保持手的平衡，跟在老师的身后走直线。”

小贴士：注意引导幼儿随着音乐的节奏控制步伐。持物走有助于进一步培养幼儿的平衡控制力。家长一起做游戏可以帮助幼儿克服胆怯的心理，增进亲子关系。

2. 新课导入。

指导语：“今天，老师带来了一种玩具，它可以飞在空中，但需要一根长长的线牵着。小朋友们，你们知道它是什么玩具吗？”

“请小朋友们看看老师这里都有什么图案的风筝。”（教师出示各种风筝）

“有蝴蝶、老鹰、飞机等这么多风筝，我们看看哪个飞得最高。”

3. 聆听歌曲。

指导语：“小朋友们，接下来老师要为大家唱一首歌，请小朋友们为我打拍子。”老师演唱歌曲《放风筝》。

小贴士：教师要完整地演唱一遍，帮助幼儿对歌曲形成最初的感受。不要制止幼儿跟唱，保持幼儿主动探索的兴趣。

4. 歌词游戏。

教师先有节奏地朗读歌词，注意速度要慢些，吐字要清晰。

指导语："小朋友们，老师已经把歌词读给大家听了，接下来让我们和妈妈一起进行歌词接龙游戏吧。"

教师引导幼儿先只说歌词中简单的词语，其他部分由妈妈配合完成。

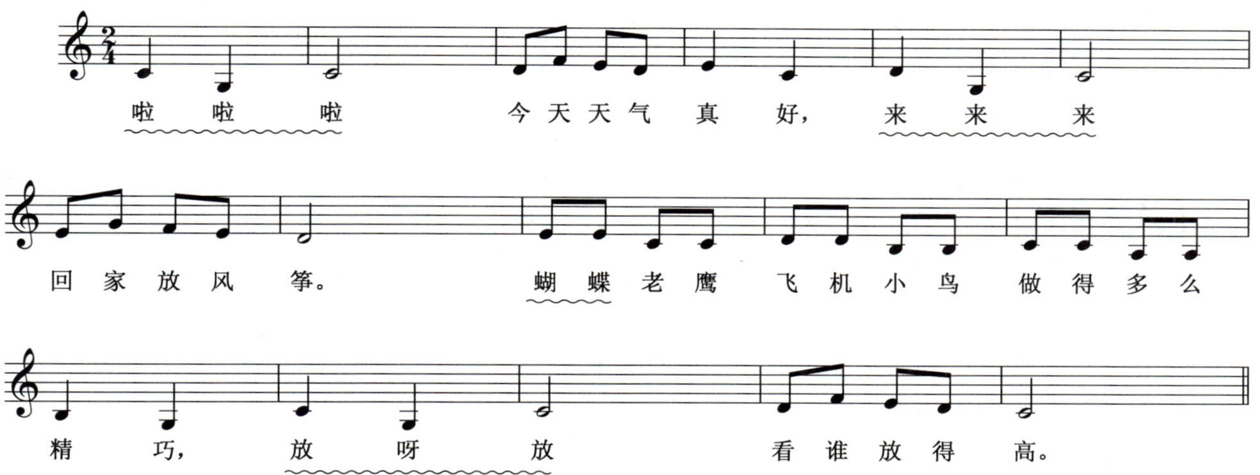

小贴士：可以先让幼儿尝试着跟节奏说出画波浪线部分的歌词，其他部分由妈妈配合完成。教师和家长的音量要根据幼儿的音量随时调整，可以边读歌词边拍手或拍腿打拍子。幼儿和妈妈配合默契后，教师再根据幼儿接受程度进行扩展。

5. 学唱歌曲。

指导语："接下来请小朋友们和老师一起听听其他小朋友的演唱，你也可以和他一起唱哟。请把小手拿出来，我们为他打拍子。"

小贴士：可以播放音乐原声带，引导幼儿跟唱；还可以进行类似于歌词接龙游戏的演唱游戏。

6. 玩奏乐器。

指导语："今天老师还带来了一个新朋友，小朋友们看看它像什么？"（出示乐器摇铃）

"你们看它像不像一个小钟啊！我们抓住它细长的身体晃动一下，它就会发出好听的声音。"（教师示范）

"这是一种打击乐器，叫摇铃，接下来请小朋友们用摇铃为《放风筝》的音乐伴奏。请小朋友们坐在自己的位置上稍等，老师给小朋友们发乐器，请拿到乐器的小朋友用小手握住摇铃上下晃动，边晃动边说"啦啦啦，今天天气真好……"

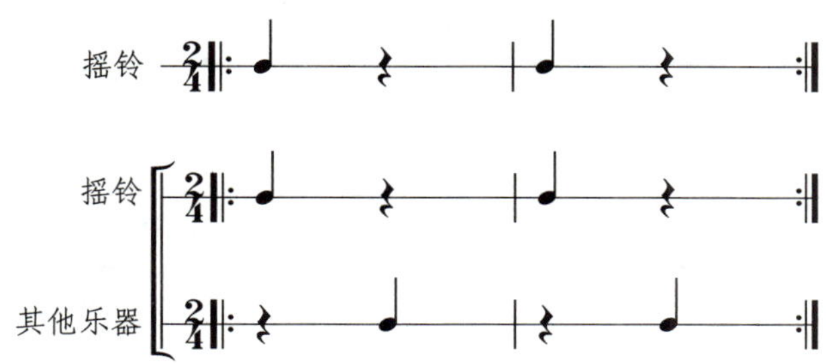

小贴士：在幼儿为歌曲熟练配乐器后，教师可以分给家长其他打击乐器一起合奏。

7. 音乐表演。

指导语："接下来，老师要带小朋友们和爸爸妈妈一起去放风筝了，我们全体起立请小朋友每人拿一个小风筝，我们围成一个圆圈，边唱歌边放风筝。"

小贴士：幼儿边唱边舞动风筝，家长可以拿着打击乐器与其互动。

【音乐建议】

民乐《春景》/纯音乐《风筝》、儿歌《放风筝》

课例36 兔 子 耳 朵

【教学目标】

1. 认识附点，知道附点的作用，掌握附点的名称及打法，感受双八节奏型和附点节奏型的区别。
2. 通过画图画记住歌词，通过看图画感受休止。
3. 大胆歌唱，敢于与小伙伴合作进行音乐游戏。

【教学准备】

图谱；画笔；白纸。

【适合年龄】

5—6岁。

【教学思路】

1. 讨论导入，引出主题。
2. 教唱歌曲。
3. 做休止游戏。
4. 讲解双八节奏型和附点节奏型的对比。
5. 唱谱。
6. 小结。

兔子耳朵

【教学过程】

兔 子 耳 朵

1. 讨论导入，引出主题。

●教师引导幼儿讨论关于小兔子的话题，如小兔子的外形、习性、爱吃的食物及你与小兔子的故事。

指导语："小朋友们，今天我们来做一个关于小兔子的音乐游戏，哪个小朋友能介绍一下小兔子？"

指导语："根据小朋友们的介绍，老师做一个小小的总结。小兔子是哺乳动物，爱吃水果和蔬菜；胆子特别小，特别爱干净。小兔子不能放到太阳下晒，因为小兔子怕热不怕冷，小兔子用耳朵来散热。

2. 教唱歌曲。

●教师出示图形谱，引导幼儿边看图形谱边听教师范唱。教师一只手持图形谱，另一只手指着图形谱范唱。

●教师再次范唱，引导幼儿感受歌曲的内容、曲调，并鼓励幼儿跟唱。

●引导幼儿画一只兔子、一只虫子、一对耳朵。

●引导幼儿指着图形谱唱歌曲，唱到"小兔"指兔子，唱到"虫儿"指虫子，唱到"耳边"指耳朵。

3. 做休止游戏。

●引导幼儿在一张纸上画四只兔子（兔子之间距离要远一点），代表四拍。

教师示范：左手攥成拳头代表兔子的身体，右手竖起食指和中指代表兔子的耳朵。把右手放在左手的拳头上，引导幼儿边唱边把拳头按拍子分别打在四只兔子的身体上。

●休止训练。

指导语："小朋友们，接下来我们做一个无声的游戏。"

教师边指图形谱边演唱，唱到"小兔"的时候做休止处理，在心里唱。之后再分别休止"虫儿""耳边"。

小贴士：这种休止游戏对培养幼儿稳定的节奏感非常有帮助。

4. 讲解双八节奏型和附点节奏型的对比。

●教师分别用双八节奏型和附点节奏型进行演唱，引导幼儿体会两种节奏型。

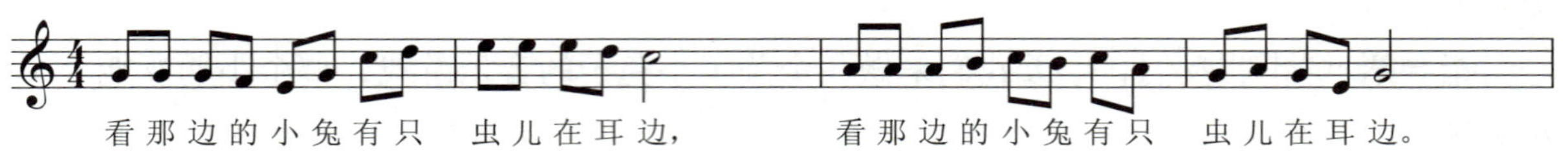

●讨论用两种不同节奏型演唱的歌曲有什么不同。

指导语："小朋友们，两个八分音符的组合就好像是两只兔子耳朵，带附点的节奏就像是把小虫子放在了两只耳朵中间一样。"

教师引导幼儿边演唱边体会两种不同节奏的特点和区别。

●双人接龙游戏：幼儿两两一组边做动作边唱歌，一人唱一句。

●卡农游戏：接受力较好的幼儿还可以进行歌曲卡农游戏。进行完附点节奏型的卡农游戏之后，还可以试着进行双八节奏型的卡农练习。

5. 唱谱。

教师出示乐谱，边打节奏边唱谱。

小贴士：在讲解过程中，教师可以将小兔替换成其他小动物的名字进行练习。

6. 小结。

小朋友们，今天我们通过“兔子耳朵”这个音乐游戏活动，做了休止游戏，学习了附点节奏，对比了双八节奏型和附点节奏型。小朋友们可以把小兔换成其他小动物，回家和爸爸妈妈一起做游戏。

【音乐建议】

《兔子耳朵》。

课例37　蜗牛爬爬爬

【教学目标】

1. 能根据图形谱演唱歌曲。
2. 能通过图形谱的提示做声势及敲击乐器。
3. 能通过图形谱认识基本音符。
4. 积极发挥想象、主动创编。
5. 促进亲子之间密切合作。

【教学准备】

图形谱；白纸；彩笔；节奏卡；蜗牛图片。

【适合年龄】

4—6岁。

【教学思路】

1. 讨论导入。
2. 教唱歌曲。
3. 音乐图画游戏。
4. 稳定拍训练。
5. 声势训练。
6. 音符练习。
7. 乐器合奏。

【教学过程】

蜗　牛

1.讨论导入。

师幼讨论蜗牛，教师讲解关于蜗牛的知识。

指导语："请小朋友们看看图片中是哪种小动物？"

"小朋友们说得很对，这是一只蜗牛。哪个小朋友能跟大家说一说蜗牛有什么特点？"

幼儿讲完后，教师小结蜗牛的知识。

"哪个小朋友能讲一讲你与蜗牛之间的故事？"

2. 教唱歌曲。

●范唱歌曲。

指导语："今天，老师要和小朋友们做一个关于蜗牛的音乐游戏，我们要边唱歌曲边做游戏。我们要先学唱歌曲《蜗牛》，请小朋友们先听老师范唱，听时要和妈妈一起给老师拍手伴奏。"

●教唱。

指导语："这是一首节奏缓慢的抒情歌曲，表现的是正在慢吞吞爬行的蜗牛。接下来，小朋友们要和妈妈一起跟唱喽。"

教师引导妈妈伸出双手放在幼儿背后，手掌一张一合模拟爬行的蜗牛，从幼儿的腰部爬到头部（任何路线都可以），体会亲子互动的快乐。

小贴士：妈妈的手在模拟蜗牛爬行的时候可以尝试各种力度和方法，这样既增加了乐趣，也提高了幼儿的触觉感受。

3. 音乐图画游戏。

●教师出示之前准备好的图画（图 37–1）。

指导语："小朋友们，你们看这是蜗牛的家，这是蜗牛的学校，每天早上，蜗牛都要早起爬行着去学校。他的家到学校有一段距离，他每次出了家门都是边爬边唱歌，唱完歌就会到达学校。让我们陪蜗牛一起爬吧。"

教师手指着蜗牛的家开始唱歌，边唱边指着螺旋线，歌曲结束的时候，手指要正好落在蜗牛的学校。家长最开始可以抓着幼儿的手引导幼儿做动作。

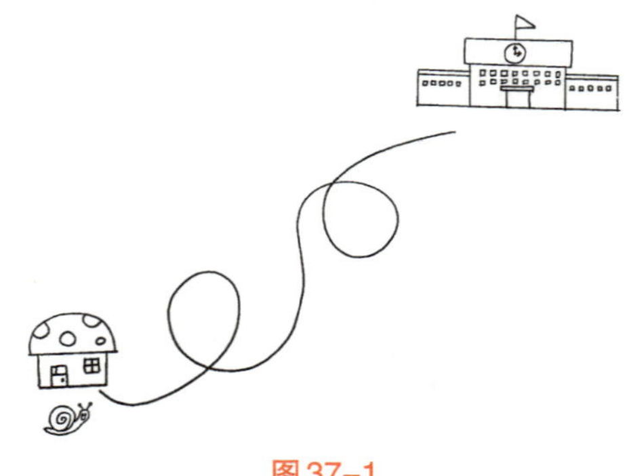

图 37–1

小贴士：在练习过程中，教师可以根据幼儿画线的实际速度来决定需要将旋律反复多少遍来演唱，并根据幼儿的接受程度来设计中间螺旋线的难度。

●引导幼儿进行创作。

教师引导幼儿和家长合作画一幅蜗牛上学的路线图，幼儿和家长边唱边画，歌声结束要到达学校。

小贴士：不拘泥于教师的图画，亲子密切互动，可以随意创作。

4.稳定拍训练。

●教师出示准备好的图片（图37–2），即在从蜗牛的家通向学校的路上画上不同形状的石头，幼儿边唱歌边点石头，进行稳定拍的训练。

指导语："蜗牛在路上爬，这条路并不平坦，路上有好多石头，有三角形的、圆形的、正方形的，蜗牛为了去学校上学很努力，他用尽全身的力气，边唱歌边爬过石头。"

●唱歌曲，点石头，进行稳定拍训练。

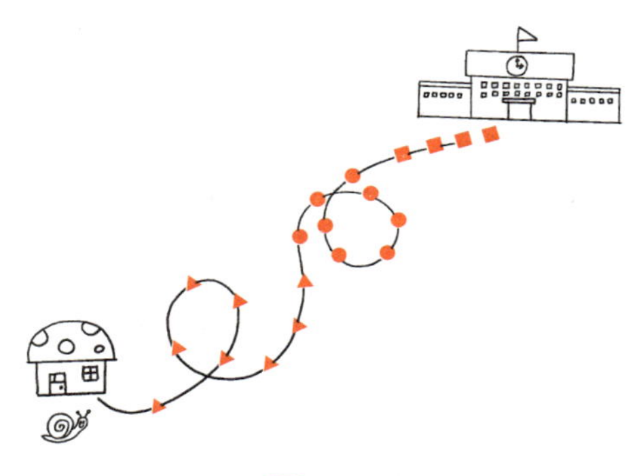

图37–2

小贴士：教师在课程设计时要明确教学目标，要注意幼儿的年龄特点。此环节中，为一个乐句设计同一种形状的石头，使低龄幼儿能够对乐句有启蒙的认知，并在不断的重复中认识形状。家长要注意看幼儿在按拍子点图形时是否注意到了螺旋线的方向和顺序的问题。

●引导幼儿随意画各种形状的石头。

指导语："请小朋友们把刚才的画拿出来，也在蜗牛上学的路上画上不同形状的石头。我们一起试一试吧！"

5. 声势训练。

●教师引导幼儿给图形画上颜色。

指导语："小朋友们，这些石头的颜色太单一了，接下来我们要给这些石头涂上漂亮的颜色。请大家拿出画笔，给相同形状的石头涂上相同的颜色。"

●看教师的第一张图形谱进行初步的声势练习，三角形拍腿，圆形跺脚，正方形拍手，边唱歌边做声势。

小贴士：教师的图形谱也可以涂上颜色，注意要为相同的图形涂上相同的颜色。也可以根据幼儿年龄特点打乱图形的顺序，一种图形代表一种声势动作，增加难度和乐趣以引导幼儿来尝试。

●分享幼儿的作品，幼儿可以按照自己的想法设计声势动作。

小贴士：幼儿难以理解抽象的音符，教师可以借助幼儿熟悉的形式作为抽象的节奏符号学习的过渡。图形谱可以为幼儿认识乐谱做准备。图形谱不仅可以更好地帮助幼儿理解节奏符号，还能帮助幼儿理解音高、乐句与乐段，帮助幼儿更好地理解曲式结构。可以说图形谱在幼儿音乐教学中意义重大。

6. 音符练习。

●出示图37-3，进行声势练习，正方形拍手，双圆形左右拍腿。初期可以让幼儿和妈妈合作完成。

图37-3

●图形转化成音符。

指导语："接下来，我们的小石头要变身了，它们要变成音符宝宝啦。正方形是四分音符、双圆形是两个八分音符。请小朋友们用手来拍节奏，我们边唱歌，边用拍手来伴奏。"

引导幼儿和妈妈交替完成，熟练后可以让幼儿单独完成。

小贴士：稍大一些的幼儿也可以直接用线谱进行练习。

7. 乐器合奏。

幼儿熟悉以上活动后，教师就可以配上打击乐器进行伴奏，例如，四分音符敲鼓，双八节奏用双响筒。

小贴士：可以引导幼儿为这首歌曲创作不一样的图形谱。

指导语："今天，小朋友们学习了如何画《蜗牛》这首曲子的图形谱，以及如何通过图形谱做声势和敲击乐器。我们还通过图形谱认识了音符宝宝。请小朋友们回去后用其他图形为这首曲子继续创作更有趣的图形谱吧！"

【音乐建议】

《蜗牛》。

综 合 讨 论

1. 请用自己的话概括出奥尔夫音乐亲子课程的特点。

2. 请说出奥尔夫音乐亲子课程对幼儿自己及亲子关系有哪些帮助。

3. 请说出奥尔夫音乐亲子课程教学过程中的注意事项有哪些。

拓 展 练 习

1. 请将课例37中的最后一个环节具体化。你还能想出多少种适合亲子进行的问候声势练习呢？

2. 请为课例40《BIM BAM》设计一个亲子律动舞蹈。要求保留原有元素，要有互动和变化，要注意趣味性。

3. 请自选一首中国风格的儿童歌曲创编一个奥尔夫亲子课例。

第六节 其他形式训练

课例38 小 蚊 子

【教学目标】

1. 在创编活动中能大胆发表自己的意见。

2. 通过图形谱了解本曲的结构特点，并体验乐曲欢快、流畅的情绪。

3. 探索用各种身体动作表现音乐旋律。

【教学准备】

彩色风车；皱纹纸带两条；音乐播放器；图形谱；音乐《单簧管波尔卡》。

【适合年龄】

5—6岁。

【教学思路】

1. 情境导入。

2. 听音乐做律动。

3. 创编律动和舞蹈动作。

小蚊子

【教学过程】

1. 情境导入。

●在室外空旷场地，教师将纸带缚在风车的持杆上迎风奔跑，让风车转动、纸带飞舞。幼儿跟着奔跑，并仔细观察风车、纸带的运动方式。

小贴士：在追逐风车纸带的过程中，要避免幼儿之间的身体碰撞。

●教师组织幼儿交流、讨论，并鼓励幼儿用不同的身体运动方式来表现旋转、飘动。

指导语：“小朋友们，刚才我们和风车及彩带一起跳了舞，现在，我们就用自己的身体模仿彩带飞舞的样子，把自己变成一条漂亮的彩带。”

小贴士：波尔卡舞是一种起源于欧洲的民间舞蹈，音乐多为弱起，旋律明朗欢快。以后逐步成为作曲家所喜爱的一种音乐体裁。单簧管是一种木管乐器，音色厚实明亮。该作品为“引子ABACA”结构，曲调热烈、流畅，节奏具有明显的向前跳跃、滚动的感觉，用彩带可以充分表现跳跃和滚动。

2. 听音乐做律动。

●教师出示律动图形谱，带领幼儿边听音乐边看图像谱做动作。

动作说明：

右手食指在空中连环绕圈模拟蚊子飞行轨迹。

× 拍手　　⊗ 拍腿（双手）

↕ 耸肩　　↑ 伸长脖子看

↓ 收缩身体“躲”　　扭屁股

3. 创编律动和舞蹈动作。

●组织幼儿为乐曲创编舞蹈动作，要求在音乐相同的地方做相同的动作。

●教师筛选组合幼儿提出的各种动作，带领全体幼儿跟随音乐跳舞。

●由幼儿带领同伴跳舞。

小贴士：幼儿带领同伴做动作时，教师应密切注意他的动作。必要时可以和他（她）一起做，以使幼儿的动作正确、连贯、完整。

【音乐建议】

《单簧管波尔卡》。

课例39　小　白　船

【教学目标】

1. 乐于用柔美、舒展的动作进行随乐表演。

2. 尝试用三角铁及打棒为乐曲伴奏。

3. 感受三拍子乐曲的旋律，掌握三拍子强弱规律，体会乐曲甜美、宁静的风格。

【教学准备】

图片或PPT；三角铁；打棒；音乐播放器；音乐《小白船》。

【适合年龄】

5—6岁。

小白船

【教学思路】

1. 运用简单声势，初步感知三拍子节奏。

2. 幼儿创编动作，进一步感知三拍子音乐。

3. 运用打击乐器为乐曲伴奏。

4. 随乐表演，做音乐游戏。

【教学过程】

1. 运用简单声势，初步感知三拍子节奏。

●请幼儿围成半圆与教师面对面坐好，教师与幼儿互相问好。

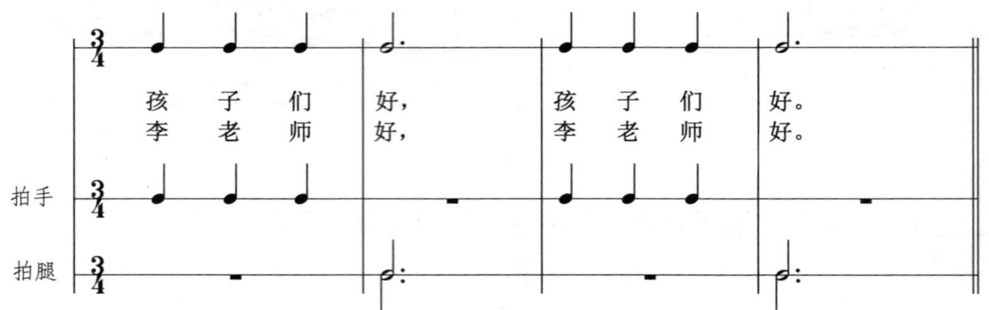

●教师引导幼儿拍打身体部位，如肩部、肚子、脸部、头部等，感知三拍子节奏。

指导语：“大家见过大海吗？海上都有什么呢？”

●教师展示图画，请幼儿把看到的景象用动作表现出来（图39–1）。

图39–1　小白船

小贴士：5—6岁的幼儿在欣赏音乐作品时，能够表达自己的感受，还会加上许多自己想象的内容及情节，并能用语言形象地表达出来。教师要引导幼儿积极地想象，为幼儿提供尽可能多的参与机会。

2. 幼儿创编动作，进一步感知三拍子音乐。

●播放音乐，教师用三拍子节奏指挥，表现出图上的大船与小船强、弱、弱的力度关系。

●请幼儿为大船、小船设计动作，教师从中选取一组动作表现，幼儿进行模仿。如下所示。

大船：双臂伸直向身体两侧打开与肩同高，手掌向内表示船很大。

小船：双臂向前伸直与胸部同高，手掌向内弯曲，表示船小。

●教师带领幼儿进行动作练习，并形成三拍子的强弱规律。

小贴士：在欣赏音乐的教学中，教师要多注意幼儿的反应，引导幼儿在欣赏的同时正确区分乐曲高、低、强、弱音的不同等。

●教师带领幼儿跟着音乐进行三拍子节奏练习，并与幼儿进行互动。

指导语："大船发出的声音大还是小船发出的声音大？"

●教师引导幼儿拍打身体部位表示大船和小船。如大船，拍手、跺脚等；小船，拍腿、拍肩等。

小贴士：这个环节要引导幼儿充分地发挥想象力，拍打身体所有能发出声音的任何部位都可以，要有新意，不能重复他人的动作，凭借自己身体发出的声音来感受三拍子节奏。

●教师带领幼儿跟随音乐一起拍打身体，表现出三拍子的强弱规律。

如：● ○ ○

拍手 拍肩 拍肩

3. 运用打击乐器为乐曲伴奏。

●教师将三角铁和打棒发给幼儿，让幼儿自由地探索乐器所能发出的音色。

小贴士：当幼儿拿到乐器时，会止不住地探索乐器的声音，教师这时可以用手势让幼儿停下来，比如，教师伸出双手表示敲打，握住拳头表示停止，以培养幼儿良好的活动规则。

●指导幼儿正确地演奏乐器，并告诉幼儿演奏乐器时耳朵要倾听音乐，眼睛要看指挥。

●教师和幼儿进行无音乐演奏练习，强化三拍子强弱规律（三角铁每小节敲一次；打棒每小节敲三次，表现出第一拍强，第二、三拍弱）。

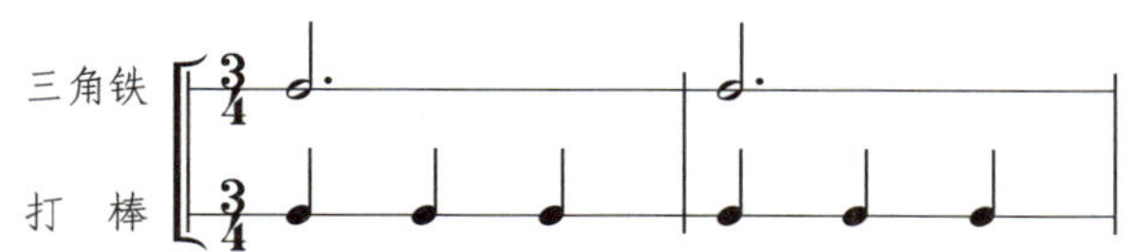

●播放音乐，教师指挥，幼儿演奏。

●请幼儿担任指挥，其他幼儿听音乐看指挥演奏。

4. 随乐表演，做音乐游戏。

●随乐表演。（可选用纱巾、玩具船等道具。）

小贴士：在随乐表演这个环节，教师要求幼儿要集中注意力、安静地倾听音乐，用适宜的表情、动作表现乐曲的情感。

●音乐游戏：教师将幼儿分组，五人一组，一人做船头，四人做船身，船头担任指挥，打出 $\frac{3}{4}$ 拍手势，指挥船桨滑动，船身四人坐在小板凳上做手拿船桨姿势，听音乐进行划船律动。

【音乐建议】

《小白船》。

（本课例教学构思素材来源于中央音乐学院继续教育学院奥尔夫师资培训班）

课例40　BIM BAM

【教学目标】

1. 能够结合动作熟练演唱歌曲。
2. 借助杯子舞、打击乐器感受八分音符与四分音符之间的比例关系。
3. 乐于与小伙伴做互动游戏，勇于独立创编动作。

【教学准备】

塑料杯子；笔；打击乐器。

【适合年龄】

4—6岁。

【教学思路】

1. 范唱歌曲。
2. 教唱歌曲。
3. 亲子游戏。
4. 声势练习。
5. 杯子游戏。
6. 乐器敲击。

BIM BAM

【教学过程】

BIM BAM

以色列摇篮曲

1. 范唱歌曲。

指导语："小朋友们，今天老师给大家带来了一首特别好听的歌曲，叫《BIM BAM》。老师先给大家演唱一遍。小朋友们可以边听边跟唱，也可以静静地聆听。"

2. 教唱歌曲。

指导语："接下来，老师要把这首歌曲，一句一句地教给小朋友们。要注意老师唱完你们再唱呦。"

小贴士：教唱歌曲时，要注意音准，要唱清歌词。

3. 亲子游戏。

●游戏 1

教师讲解并示范分解动作：边演唱歌曲，边做动作。

唱 bim 的时候拍手，唱 bam 的时候双手攥成拳头敲腿，唱 biribiri 的时候拍腿。引导幼儿发现相同的歌词使用相同的动作。

指导语："接下来我们做一个游戏，bim 和 bam 由小朋友们来唱，唱 bim 的时候请拍手，唱 bam 的时候请双手攥成拳头敲腿。妈妈唱 biribiri，一边唱一边随着音符节奏拍腿。"

小贴士：幼儿最开始接触时觉得很有难度，所以一开始要慢速练习，以使亲子配合默契。也可以由幼儿先完成①⑤⑥⑨⑩ 小节的字符，其他由妈妈来完成。教师可根据具体情况等幼儿完全熟悉后再按字符音节去完成动作。

●游戏 2

幼儿和妈妈面对面坐好，一起唱歌曲做动作。

指导语："在唱 bim 的时候拍手，唱 bam 的时候幼儿和妈妈双手攥成拳头互相轻轻敲击，唱 biribiri 的时候幼儿和妈妈分别双手合十，手背对手背互相煽动（左右各一下即可）。"

小贴士：速度一定要慢，等待幼儿慢慢熟悉动作要领。

4. 声势练习。

幼儿和妈妈站起来做声势练习。

●唱 bim 的时候踏脚，唱 bam 的时候拍手，唱 biribiri 的时候拍腿。

●唱 bim 的时候踏脚，唱 bam 的时候亲子互相击掌，唱 biribiri 的时候拍腿。

●去掉歌唱，只做声势。

5. 杯子游戏。

唱 bim 的时候用杯子敲桌子，唱 bam 的时候用笔敲杯子，唱 biribiri 的时候用笔敲桌子。

小贴士：此环节可根据亲子课程的具体情况选择进行。

6. 乐器敲击。

唱 bim 的时候敲小鼓，唱 bam 的时候摇手摇铃，唱 biribiri 的时候敲方棒子。

指导语："小朋友们，看看今天老师给大家带来了什么乐器？有小鼓、手摇铃、方棒子。老师敲小鼓，小朋友们摇手摇铃，妈妈们敲方棒子，让我们来个默契的大合奏吧！"

小贴士：此环节可以增进教师、家长和幼儿之间的默契和感情，有助于培养幼儿稳定的节奏感及对休止符的感知等多方面的综合音乐素养。建议幼儿回家后和家人以生活中的日常用品为乐器来进行演奏。

【音乐建议】

《BIM BAM》。

课例41　四小天鹅舞曲

【教学目标】

1. 围绕乐曲进行表演和做音乐游戏，体验音乐欣赏的乐趣。
2. 发挥音乐想象力，运用画面感知音乐。
3. 感知乐曲的节奏，掌握乐曲的主要旋律。

【教学准备】

音乐播放器；音乐《四小天鹅舞曲》；黑板/白板；打击乐器。

【适合年龄】

5—6岁。

【教学思路】

1. 结合图形谱欣赏乐曲。
2. 加入打击乐。

四小天鹅舞曲

【教学过程】

四小天鹅舞曲

柴可夫斯基曲

1. 结合图形谱欣赏乐曲。

●课程导入：教师以“小朋友们见没见过天鹅呀？”“看到过芭蕾舞吗？”等问题引入音乐欣赏的主题。

●结合图形谱欣赏乐曲：“老师今天请小朋友们一边听美丽的小天鹅的音乐，一边看老师画一幅图画，好不好？”

教师在黑板前站好，请幼儿边听音乐边观看教师随着音乐的发展画的图形谱。

小贴士：教师在随着音乐画图形谱时一定要掌握好角度，要让幼儿能清晰地看到画笔随着音乐的进行所经过的路线，以便幼儿理解图画与音乐的细致关系。

●“小朋友们看看老师的图画美不美呀？”“在图画里你都看到了什么？”“表现的是什么画面呀？”

小贴士：教师引导幼儿观察图画的整体性，以及符号元素与音乐及画面的关系，如水波纹、小浪花、垂到湖面的柳条等，让幼儿体会音乐与画面的统一美。

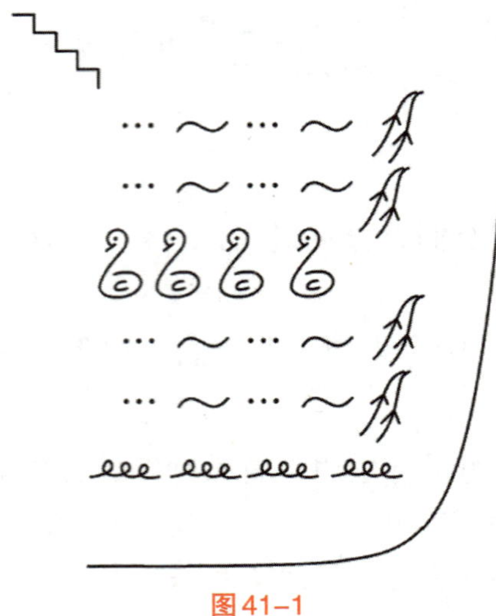

图41–1

●再次播放音乐，教师可以再画一遍图形谱，也可以在原来的图形谱上再描一遍（图41–1）。

●教师引导幼儿观察图形谱共分了几行，以及其中相同符号画面与音乐的关系，除此之外还有哪些元素，这些元素与音乐开头与结尾的关系等。

●将几处旋律片段与图形谱结合在一起反复哼唱几遍，加深幼儿对音乐与画面的印象。

小贴士：曲式结构及乐句的关系这些专业的音乐知识幼儿很难理解，但这些并不会阻碍幼儿去体验音乐的美感和画面感，教师只要做到随着音乐的响起，这些画面的内容及层次能够在幼儿的脑海里印象深刻就可以了，在潜移默化中让幼儿去体会旋律的进行及音乐的乐句感。

2. 加入打击乐。

●教师导入打击乐：“下面让我们请乐器朋友们一起给天鹅伴奏，同它们一起跳舞好吗？”

●介绍打击乐器。

方式一所用乐器：碰铃、双响筒。

方式二所用乐器：木鱼、铃鼓、碰铃、三角铁、沙蛋。

●教师边指着图形谱哼唱旋律边打乐器（可以让助教协助完成），练习乐器所打的节奏。

方式一：运用两种乐器进行从头到尾的齐奏即可。

碰铃的节奏 $\frac{4}{4}$ 𝅗𝅥 𝅗𝅥 ‖

双响筒的节奏 $\frac{4}{4}$ ♩ ♩ ♩ ♩ ‖

小贴士：双响筒在此要“左右右右”地敲击。

方式二：一种乐器代表一种图形。

· · · 用木鱼来表现，节奏为 $\frac{4}{4}$ 𝄾♪♫𝄽 𝄽 ‖

～ 用铃鼓来表现，节奏为晃动两拍 $\frac{4}{4}$ 𝄽 𝄽 𝅗𝅥 ‖

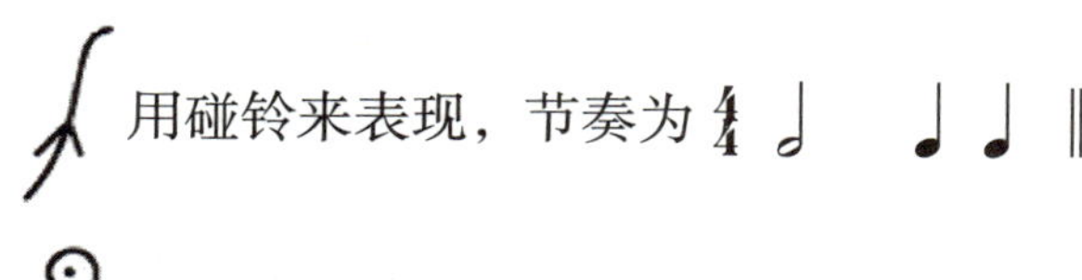

用三角铁来表现，节奏为 4/4 𝅝 ‖

用沙蛋来表现，节奏为 4/4 ♩ ♩ ♩ ♩ ‖

最后的岸边的大线条表示乐器齐奏，节奏为 4/4 𝄾♪♩ - ‖

●教师指着图形谱指挥，幼儿合着音乐演奏。

●幼儿互相交换乐器，合着音乐再次演奏。

【音乐建议】

《四小天鹅舞曲》。

理论链接

奥尔夫音乐教育在其他领域中的价值

除音乐领域以外，奥尔夫音乐教育在其他四个领域也具有重要的价值。

1. 智力领域

奥尔夫音乐教育中涉及大量批判性思维和问题解决能力的任务，完成这些任务需要综合运用线性思维和非线性思维。同时，在奥尔夫音乐教育中，教师经常会让学生将所学的音乐元素和技能进行再次重组，并进行创编。学生将创意的音乐想法付诸实践，不仅可以促进其创造力的发展，还可以使其提高组织能力、掌握相关的艺术知识和提升技能水平。

2. 社交领域

奥尔夫音乐教育以集体课的形式进行，这种形式需要课堂里的每一个人（包括教师）都能配合默契。大家必须意识到，艺术的开发需要在一个充满支持和令人满意的人文环境中进行。集体课的课堂组织形式有利于教师有意识地去培养学生宽容、乐于助人、耐性和与其他人沟通所必须持有的积极态度，可以帮助学生建立对整个团队的敏感度，并能意识到自身在整个集体中的角色和作用。课堂中解决问题、即兴创作表演和集体创作等教学环节为学生提供了大量的发展领导能力的机会。

3. 情感领域

奥尔夫音乐教育中的音乐和动作作为艺术媒介，其音乐教育中的探索和即兴活动为学生的情感表达提供了平台，为学生紧张和挫折等负面情绪的释放提供了一种方式，为增强学生的自尊提供了一种手段。

4. 美学领域

在奥尔夫音乐教育过程中，当学生的音乐知识、音乐技能和动作能力得到发展以后，学生将有机会通过不断探索去明确“何为美？”的美学命题，并能具备站在文化的基础上对艺术的美的辨别力，从而建立自身对美的理解和判断。

综 合 讨 论

1. 请用自己的话概括奥尔夫音乐教育中经常运用哪些形式帮助幼儿欣赏古典名曲。

2. 图形谱在幼儿音乐教育中的意义是什么？

3. 奥尔夫音乐教育中听力训练的方法和特点有哪些？

赛证融通

拓 展 练 习

1. 请以格里格的钢琴曲《蝴蝶》为素材，设计一堂适合3—4岁幼儿学习的音乐欣赏课。

2. 请以格里格的《晨曲》为素材，设计一堂适合4—5岁幼儿学习的音乐欣赏课。

3. 请以任同祥的《百鸟朝凤》为素材，设计一堂适合5—6岁幼儿学习的音乐欣赏课。

4. 为了让大班幼儿理解ABA的曲式结构，可以选择哪些曲子？请提出相对应的合适的教学设计。

第七节　奥尔夫音乐教学法在五大领域课程中的应用

课例42　毛毛虫与蝴蝶一家亲（科学领域）

【教学目标】

1. 了解蝴蝶的特征，了解毛毛虫变蝴蝶的过程。

2. 能用身体模仿毛毛虫变蝴蝶的过程。

3. 体验探究活动的乐趣。

【教学准备】

画笔；A4纸；蝴蝶图片；蝴蝶生长过程图；音乐《毛毛虫变蝴蝶》；沙球；碰铃。

【适合年龄】

4—5岁。

【教学思路】

1. 故事引导。

2. 相关知识讲述。

3. 音乐律动。

毛毛虫与蝴蝶

【教学过程】

1. 故事引导。

毛毛虫变蝴蝶

寒冷的冬天过去了，春天来了，树上长出了嫩绿的叶子，吸引了一只毛毛虫。毛毛虫一步一步地慢慢爬到树上，小鸟们非常高兴地欢迎它的加入。毛毛虫总是低着头，不停地吃叶子，希望自己快点长大。有一天早上，小鸟们起床后，发现毛毛虫不见了。大家找了很久，以为毛毛虫又搬家了。夏天到了，花园里开满了漂亮的花朵，花的香味吸引了一只蝴蝶。小鸟们热情地欢迎它，它们问蝴蝶："你从什么地方飞来的？你有看到一只毛毛虫吗？"蝴蝶笑着告诉小鸟："我就是那只毛毛虫变成的。"小鸟高兴地说："现在你可以和我们一起飞了，我们飞出去玩儿吧！"它们看到几只毛毛虫慢慢地爬上树枝，蝴蝶跟毛毛虫说："加油加油，我们是一家人哦！长大后你们也可以和我们一样在天上飞了。"

2. 相关知识讲述。

教师出示蝴蝶生长过程图，讲解毛毛虫蜕变成蝴蝶的过程，并与幼儿讨论，丰富幼儿有关虫卵、幼虫、蛹、蝴蝶等的知识。

小贴士：教师要引导幼儿爱护动植物，要多亲近大自然，保护环境。

3. 音乐律动。

●教师带领幼儿边听音乐边做动作。

舒缓的音乐：可以用手指在自己的身体上从头到脚地模仿毛毛虫爬行。

活泼的音乐：站起来模仿蝴蝶飞。

小贴士：注意节奏与动作律动的吻合，但不可硬性规定动作的形式及幅度。幼儿模仿毛毛虫时体位可坐、可蹲、可趴，鼓励幼儿自由发挥。注意引导幼儿用动作和表情表现出毛毛虫破茧成蝶的喜悦感。

●教师把幼儿分成两组，一组扮演毛毛虫，另一组扮演蝴蝶。幼儿根据音乐分别出场表演。

小贴士：引导幼儿分辨音乐的速度及情绪的不同，准确找到毛毛虫和蝴蝶的表现旋律。

●打击乐器合奏。

用沙球来表现毛毛虫，用碰铃来表现蝴蝶。

小贴士：打击乐器选择不做硬性规定，能起辅助作用即可，也可随幼儿自由选择。

【音乐建议】

纯音乐《毛毛虫与蝴蝶》。

课例43　老鹰捉小鸡（健康领域）

【教学目标】

1. 练习躲闪跑，提高灵敏性和协调性。

2. 能遵守游戏规则，体验集体合作游戏的乐趣。

3. 掌握躲闪跑的动作要领。

【教学准备】

花头巾；小篮子；老鹰风筝翅膀；音乐《老鹰捉小鸡》。

【适合年龄】

4—6岁。

【教学思路】

1. 故事导入。

2. 热身运动。

3. 熟悉音乐。

4. 配合音乐进行游戏。

5. 乐器合奏。

6. 拓展画画游戏。

【教学过程】

1. 故事导入。

鸡妈妈家有好多鸡宝宝，鸡宝宝们每天都会到草地上跑步、做运动，让身体更健康，它们边玩耍边吃草地上的小虫。这天清晨，鸡妈妈要到山上捉大虫子去了，在走之前，鸡妈妈告诉小鸡们，要是到园子里玩耍，一定要注意天空中有没有老鹰。说完鸡妈妈就去山上捉虫了。

小鸡们小心翼翼地打开门，没有发现老鹰，就高兴地跑到园子里玩耍。小鸡们正玩得高兴，突然老鹰从树上飞下来，准备捉走小鸡。正在这危险的时刻，鸡妈妈回来了。小鸡们迅速跑到鸡妈妈的身后。最后在鸡妈妈和小鸡的共同努力下，老鹰被赶走了。

2. 热身运动。

教师引导幼儿模仿小鸡走路、跳舞、跑步及老鹰飞等动作。

小贴士： 因为是健康领域的课程，动作不追求舞蹈般的美感，而应强调对韧带的拉伸，通过对小鸡和老鹰的动作模仿起到体育课程的热身作用。教师可以设计既有模仿对象特点又有辅助拉伸作用的动作，也可以让幼儿随意活动，在保证安全的前提下随意摆动、跳跃，对幼儿来说都可以起到热身作用，这样既有趣味性又实现了教学目标。

3. 熟悉音乐。

听音乐引导幼儿说出音乐中表现出的气氛（快乐、紧张、害怕），并用肢体动作表现出来。

4. 配合音乐进行游戏。

教师当鸡妈妈（戴上花头巾，挎上小篮子），选出一个幼儿当老鹰（戴上老鹰风筝翅膀），其他幼儿当小鸡。

曲式结构：前奏—A段—间奏—B段。

前奏（两个八拍）：小鸡们偷偷摸摸地开门。

A段（四个八拍）：小鸡们快乐地在草原上自由走、跑、跳（即兴创作）。

过渡句（间奏长音）：老鹰出现了。

B段（四个八拍）：老鹰要捉小鸡了，小鸡在鸡妈妈身后东躲西藏。

小贴士：在音乐选择上可以更加多样和灵活，但要注意一定要选择不带歌词的纯音乐。

5. 乐器合奏。

前奏：窥探→碰铃（随音乐长音敲击）

A段：小鸡→响棒（随音乐节奏敲击）

间奏：老鹰→铜钹（以长音符节奏敲击铜钹）

B段：老鹰追小鸡→沙球（拿沙球边跑边摇）

小贴士：这个传统的民间游戏趣味性很强，对幼儿的协调性、动作灵敏性都有很好的锻炼作用，同时有助于培养幼儿的合作精神。此处的乐器，教师可根据需要灵活选用。

6. 拓展画画游戏。

发给每个幼儿一张纸及一支彩色笔，听音乐画图谱。

●画出小鸡的脚印（A段）。

●画出老鹰出现的长音（间奏）。

●画出老鹰追小鸡的图谱（B段）。

●画图分享。

小贴士：本课例可用于健康领域进行体能训练，也可用于社会领域进行合作能力提升训练。

【音乐建议】

纯音乐《老鹰捉小鸡》。

课例44　非洲欢迎您（语言领域）

【教学目标】

1. 初步了解非洲语言的语音、语调特点。

2. 学会用简单的非洲手语打招呼。

3. 乐意与人沟通，与人交谈有礼貌。

【教学准备】

歌曲《欢迎你到非洲来》；非洲音乐；非洲歌舞视频；手鼓。

非洲欢迎您

【适合年龄】

5—6岁。

【教学思路】

1. 介绍非洲文化。

2. 教土语。

3. 教非洲手语。

4. 教唱歌曲。

5. 综合表演。

【教学过程】

欢迎你到非洲来

1. 介绍非洲文化。

指导语："小朋友们，你们去过非洲吗？知道非洲的语言吗？见过非洲的小朋友们跳舞吗？非洲人能歌善舞，他们敲起手鼓抖动草裙，欢迎远道而来的朋友们。下面我们一起来欣赏非洲歌舞。"

引导幼儿看非洲歌舞视频。

指导语："非洲小朋友的语言和我们的语言有什么不同？非洲小朋友的舞蹈有什么特点？"

小贴士：观看视频后与幼儿进行充分的交流，让幼儿体会在世界大家庭中，不同国家民族的地域文化和风土人情，引导幼儿热爱生活、热爱自己的国家和民族。

2. 教土语。

教土语，引导幼儿寻找其与普通话的区别，在此过程中要注意发音吐字的清晰，同时注意歌词朗读节奏要和旋律节奏一致。

指导语："小朋友们，我们中国人迎接朋友时会说什么？接下来，老师要教小朋友们用非洲的土语来和新朋友打招呼。"

非洲土语的汉语谐音	汉语意思
feng ga a la fei ya	欢迎到非洲来
a shi a shi	你啊你啊
feng ga a la fei ya a shi a shi	欢迎你到非洲来

小贴士：引导幼儿要为人热情有礼貌，见人要打招呼，要努力与人善意地沟通等。

3. 教非洲手语。

指导语："小朋友们，如果你们的朋友来了，你们会用什么动作来欢迎他呢？"（幼儿自由说）比如，握手、摆手、拥抱等。"非洲人欢迎朋友也有他们特有的动作，下面就让我们一起来学习一些简单的非洲手语吧。"

"我的眼睛"动作：双手捂住眼睛。

"看到你了"动作：双臂向前摊开。

"我的耳朵"动作：双手捂住耳朵。

"听到你了"动作：双臂向前摊开。

"我的心"动作：双手捂住心脏。

"想你了"动作：双臂向前摊开。

"非洲"动作：双手交叉抱肩。

"欢迎你"动作：双臂向前摊开。

4. 教唱歌曲。

●教师唱一句幼儿跟唱一句。

●一边拍手一边用原声带跟唱。

5. 综合表演。

非洲基本舞蹈姿势：双脚分开半蹲着向前移动。

指导语："非洲土地辽阔，那里的人们热情、善良、好客，让我们伴随着《欢迎你到非洲来》的音乐一起载歌载舞吧。"

A段手语舞蹈：教师带领幼儿围成一个圆圈，边唱歌曲边做手语。

B段节奏模仿：教师手拿手鼓扮演部落的族长，族长敲击手鼓，组员模仿。

指导语："小朋友们，接下来让我们一起来听一段非洲的音乐，我们跟着音乐一起唱歌跳舞。"

小贴士：此课例可用于语言领域教学。用歌舞营造语言学习氛围，潜移默化地加深幼儿对非洲土语的理解及体验。

【音乐建议】

《欢迎你到非洲来》。

课例45　拉起手（社会领域）

【教学目标】

1. 具有初步的民族自豪感。
2. 能大胆自信地与同伴进行律动活动。
3. 理解民族团结、和平友爱、珍惜友谊的含义。

【教学准备】

音乐播放器；音乐《拉起手》。

【适合年龄】

5—6岁。

【教学思路】

1. 课程导入。
2. 朗读歌词。
3. 律动舞蹈 。

【教学过程】

拉 起 手

李 存词曲

1. 课程导入。

●教师通过图片及讲述让幼儿知道我国地域辽阔、物产丰富，是由56个民族组成的团结友爱的大家庭，我们全国人民应该手拉手一条心，共同创造祖国更美好的未来，努力引导幼儿萌发爱国情感。

●教师可借助图片引导幼儿产生对世界和平的向往和对美好生活的珍惜。

●教师可借助图片与幼儿共同探讨“朋友”的含义，大胆讲出与朋友间的故事，引导幼儿明白与朋友之间要和睦相处，珍惜友谊。

2. 朗读歌词。

●有感情地指读歌词。

拉起手，拉起手，友谊让我们拉起手；

拉起手，拉起手，团结需要我们拉起手；

拉起手，拉起手，和平需要拉起手；

拉起手，拉起手，这世界需要拉起手。

快快拉起手，快快拉起手，我们是未来的世界；

快快拉起手，快快拉起手，我们友谊天长地久。

●按歌曲节奏边拍手边朗读歌词。

●声势动作伴随歌词朗读。

小贴士：在朗读过程中，教师要引导幼儿理解歌词的意义。根据具体学时安排，教师可以增加活动环节，自行设计声势的动作进行更丰富的游戏活动来辅助教学，声势的难易程度可根据具体情况进行调整。

3. 律动舞蹈。

所有幼儿围成人数相等的内外两圈。

A 段：共八个八拍。

幼儿拉起双手，面朝里站好。

第一个八拍：左脚起步，左右交替，向左走一个八拍。

第二个八拍：右脚起步，交替向右走一个八拍。

第三个八拍：左脚起步，左右交替，向前走一个八拍。

第四个八拍：右脚起步，交替向后走一个八拍。

后四个八拍：上面四个八拍动作再做一遍。

小贴士：教师可根据幼儿的实际情况，不固定步法，只要向四个方向跑动即可，教师可以引导幼儿开发各种律动动作。

B 段：共四个八拍。

歌词“快快”：幼儿松开手，里圈幼儿向后转身与外圈幼儿面对面。

第一个八拍：里圈和外圈的幼儿拉起双手，左脚向前上步再回来，做两遍。

第二个八拍：里圈和外圈的幼儿按节奏互相碰右肩膀、碰同侧髋骨、拍手四下。

后两个八拍：上面动作再做一遍。

音乐可根据活动需要多遍循环。

小贴士：在五大领域的课程中，律动舞蹈多是教学手段，在教学中无须特意强调动作的准确性，教师带领幼儿享受舞蹈和游戏的快乐，乐于参与集体活动，并能体会与朋友间合作的快乐即可。

【音乐建议】

李存《拉起手》（1 分 11 秒版本）。

理论链接

奥尔夫音乐教学的法则

1. 从感性体验到理性认知的过程

奥尔夫音乐教学要求在建立以实践体验为基础的音乐学习模式的同时，不仅强调音乐教学过程的重要性，而且更为强调音乐教学的过程应从感性体验过渡到理性认知。无论采用何种方式或教学序列，所有的音乐要素或概念，起初均应以其原始简易的形态呈现给幼儿，让幼儿在经验中探索各种音乐的现象，然后再推衍至更为复杂的音乐形式及音乐理论。尤其是在音乐学习的初期，音乐学科的特殊性决定过多的音乐概念讲解并不能帮助幼儿理解音乐及形成良好的音乐能力，因此，奥尔夫音乐教师需要提供大量的音高、音值等音乐游戏供幼儿体验，让幼儿使用听觉、触觉、动觉、视觉等感觉系统对音乐的各个元素进行“记忆”扫描，从而为今后学习音乐理论知识奠定良好的基础。

2. 强调声音优于符号

在奥尔夫音乐教育模式当中，通过音乐记忆的方式来学习音乐被认为是一种有效的方式。因为五线谱和简谱在音乐中的功能仅仅是记录、保存和传承，识谱能力并不能作为音乐能力最核心最重要的体现，它仅仅被认为是学会创造音乐在逻辑上的延伸。所以，在奥尔夫音乐教学过程中，所有的音阶、节奏型、和声等都是通过大量的声音探索、实际的操作体验，建立音乐的经验和音乐记忆，最后形成符号概念。

需要说明的是，在奥尔夫的识谱教学初期，教师并不是马上用西方的五线谱介入识谱学习中的，而是先通过形式多样的图形谱让幼儿理解音乐与符号之间的联系，然后慢慢过渡到五线谱和简谱。

3. 重视结果更重视过程

奥尔夫音乐教育的宗旨在于唤醒每个个体的音乐潜能，并为幼儿提供能力锻炼的机会。作为一种音乐教育模式，奥尔夫音乐教育的内容不限于传统的音乐内容，而是涉及更广泛的艺术活动，它不仅仅是音乐，而是音乐、动作、舞蹈和语言的综合体。奥尔夫音乐教育的目的不是培养高水平的表演者，其重点在于它的音乐实践过程，在于让个体以其自身的水平参与到音乐中，在于培养创作、完善音乐和舞蹈的能力，它不是复制既定的音乐形式，也不是以观众为中心的职业表演。在音乐学习过程中，幼儿是否享受音乐是教师所重视的。

注重过程并不代表忽略表演。尽管在观众面前进行音乐和动作的表演不是奥尔夫音乐教育模式的重点所在，但奥尔夫音乐教育模式并未忽略幼儿音乐表演的质量。以获得个体满足为目标的表演，不仅可以满足个体对音乐的需求，还可以将所学到的东西与他人分享，将个体的音乐能力进行深化、完善，培养更高级别的音乐技巧，并会为个体和整个团队带来表演的成就感。

4. 课程计划可以灵活多变

奥尔夫音乐教学法与传统“灌输式”的教学法有着质的区别。“灌输式”的教学法以教师、教室、教材为中心，而奥尔夫音乐教学法以幼儿为中心，教师起主导作用。因此奥尔夫音乐教学的序列不像其他音乐教学法规定得那么统一。教师可以根据幼儿的能力、现有的资源、课堂的气氛随时对教学内容和方式进行调整，以保证教学效果的最优化。因此奥尔夫音乐教学的课程计划需依据教师对幼儿的评估、课程的目标进行制定。值得一提的是，任何不给幼儿体验及探索留空间的音乐教学活动，都不能称为奥尔夫音乐教学法。在奥尔夫音乐课堂中，教师经常会在幼儿的身上发现惊喜，因为教师总会留空间让幼儿发挥其音乐的才能和想象，无法准确预计课堂的生成便成了奥尔夫音乐教学的魅力所在，并且教师可以根据课堂中幼儿千变万化的生成淋漓尽致地发挥其教学能力。

5. 奥尔夫音乐教师全面的音乐教学素养

奥尔夫音乐教师不仅需要通晓相关的音乐知识，还需结合相关的教育学、心理学的知识进行教学。奥尔夫音乐课堂灵活多变，教师需要在课堂组织、音乐素养、创造力方面都具备较高的能力。在教学过程中，教师不仅教授幼儿歌唱、演奏、律动，更重要的是通过一系列的音乐活动教会幼儿理解音乐、热爱音乐，并能自发地创造音乐。教师本人不仅是作为教师，还需作为一个对音乐品质有要求的艺术家对幼儿进行教学。

综合讨论

1. 请思考并讨论在五大领域课程中哪些环节适合运用奥尔夫音乐教学法。
2. 请说出奥尔夫音乐教学法对五大领域课程的教学有哪些辅助作用。
3. 请说出奥尔夫音乐教学法在五大领域课程的实施过程中应注意哪些细节。

拓展练习

1. 请设计一节语言领域课程并加入奥尔夫音乐教学法环节。
2. 请设计一节健康领域课程并加入奥尔夫音乐教学法环节。
3. 请设计一节社会领域课程并加入奥尔夫音乐教学法环节。
4. 请设计一节科学领域课程并加入奥尔夫音乐教学法环节。
5. 请设计一节艺术领域课程并能够综合运用奥尔夫音乐教学法。

参考文献

[1] 许卓娅. 奥尔夫音乐教学的理论与实践 [M]. 上海：华东师范大学出版社，2021.

[2] 李妲娜，修海林，尹爱青. 奥尔夫音乐教育思想与实践 [M]. 上海：上海世纪出版集团教育出版社，2011.

[3] 许卓娅. 幼儿园音乐教育活动指导 [M]. 2版. 北京：人民教育出版社，2016.

[4] 王朝晖. 奥尔夫音乐教学理论与实践 [M]. 重庆：西南师范大学出版社，2021.

[5] 张思瑶. 奥尔夫音乐 [M]. 北京：科学出版社，2017.

[6] 兰芳. 奥尔夫音乐活动实训教程 [M]. 北京：北京师范大学出版社，2018.

[7] 奥尔夫，凯特曼. 为儿童的音乐 [M]. 廖乃雄，编译. 上海：上海音乐出版社，2004.

[8] 廖乃雄. 论音乐教育 [M]. 北京：中央音乐学院出版社，2010.

[9] 方少萌. 奥尔夫音乐教学法实用教程 [M]. 2版. 上海：复旦大学出版社，2016.

[10] 高佳佳，赵冬梅. 音乐作品分析应用教程 [M]. 北京：高等教育出版社，2013.

[11] 吴祖强. 曲式与作品分析 [M]. 修订版. 北京：人民音乐出版社，2003.

[12] 陈永莉. 幼儿音乐表演活动中的教师支持 [J]. 学前教育研究，2021(12)：89-92.

[13] 黄沙玫. 从历史的视角重新理解奥尔夫音乐教育 [J]. 中国音乐，2012(3)：214.

[14] 沈斌鹏. 奥尔夫音乐教学法在高职学前音乐教学中的探索 [J]. 戏剧之家，2023(27)：190-192.

[15] 张祖清. 奥尔夫音乐教学法在幼儿园音乐教育活动中的应用研究 [J]. 襄阳职业技术学院学报，2023，22(04)：93-96，125.

读者意见反馈

为收集对教材的意见建议，进一步完善教材编写并做好服务工作，读者可将对本教材的意见建议通过如下渠道反馈至我社。

咨询电话　400-810-0598

反馈邮箱　gjdzfwb@pub.hep.cn

通信地址　北京市朝阳区惠新东街4号富盛大厦1座　高等教育出版社总编辑办公室

邮政编码　100029

防伪查询说明

用户购书后刮开封底防伪涂层，使用手机微信等软件扫描二维码，会跳转至防伪查询网页，获得所购图书详细信息。

防伪客服电话　（010）58582300

责任编辑：赵清梅

高等教育出版社　高等职业教育出版事业部　综合分社

地　　址：北京朝阳区惠新东街4号

邮　　编：100029

联系电话：010-58556361

E-mail：zhaoqm@hep.com.cn　专业教师QQ群：69466119

专业教师QQ群